祝允明

草书掇英

草书掇英编委会 编

浙江人民美术出版社

前言

草书是汉字的主要字体之一，有草稿、草率之意，特点是书写流利、结构简练。草书大至可分为章草、今草和狂草三类。

章草是隶书的草写，字字分明，不相连属，笔画中既有隶书的波磔，也有草书的率意；今草又称新草、小草，字体匀称，或连或断；狂草又称大草，即恣肆放纵的草体，字体忽小忽大，笔画连绵缠绕，神采飞扬，气势磅礴。

草书并不是随心所欲的乱写，它是按一定的规律将字的点画连接，结构简省，假借偏旁，从而形成这种中国特有的书法艺术。《草书掇英》从书从历代草书中精选最有代表性的经典碑帖，以飨读者。

祝允明生于明英宗天顺四年（一四六〇），卒于明世宗嘉靖五年（一五二六）。字希哲，又作唏哲；因右手多出一指，故号支指生、枝指生、枝指山人、枝山、枝山居士、枝山道人、支指山人；又因曾任应天府通判，故人称『祝京兆』。生于山西，祖籍苏州府长洲县（今属苏州市）。祝允明与同郡唐寅、文徵明、徐贞卿均多才多艺，人称『吴中四才子』。

据《明史·文苑传》载，祝允明『五岁作径尺大字，长工书法，名动海内』。少年时期的祝允明天资聪颖，读书过目不忘，为诗作文常『当筵疾书，思若泉涌』，九岁多已能赋诗，常常语出惊人。且非常勤奋，天文地理、释老方技无所不读。第一次参加乡试，就中了举人。由此深得吴门书家李应桢的青睐，不但收他为弟子，还将长女许配给他。可是才华横溢的祝允明后来在科举考试中却屡屡受挫，一生中连续七次进京赴试，均名落孙山。从此一蹶不振，与唐寅、文徵明等以诗相酬，醉意老庄。文徵明曾为文详细地记述了那段生活：『于时公年甫二十有四，同时有都君玄敬者，与君并以古文名吴中。其年相若，声名亦略相上下。而祝君古邃奇奥，为时所重。又后数年，某与唐君伯虎，亦追逐其间，文酒唱酬，不间时日。于时年少气锐，俨然皆以古人自期。既久困场屋，而忧患乘之，志皆不遂。』祝允明在正德九年（一五一四年）经谒选任广东惠州府兴宁县知县，为官清廉，施政有序，政绩可观。嘉靖元年（一五二二），又调任应天府通判。但他性格狂傲不羁，不愿受名缰利锁的束缚，于是在当年年底乞归养老。回家之后，亲眼目睹挚友唐寅在穷愁潦倒中病逝家中，次年恩师王鏊也与世长辞。过度的悲痛使他更加迷茫失意，愤世嫉俗，沉溺声色，一掷千金，变得入不敷出。文徵明次子文嘉得知祝允明的窘

况后，就以润笔费为名，送以重金，以解他的燃眉之急。后来他在贫病交加中过完了一生。

祝允明的人生道路虽然坎坷不平，但他的书法生涯却多姿多彩。他的外祖父祝颢曾任山西布政司右参政，精于诗文，尤工行草。他的祖父徐有贞因助英宗复辟有功，官至兵部尚书，亦擅书法，后特诏还乡，与饱学之士放浪湖山，饮酒赋诗。幼年的祝允明常垂髫在侧，绕膝戏游。加之外祖父疼爱有加，教育有方，『绝不会令学近时人书，且所接者皆晋唐帖』。据王世贞在《艺苑卮言》中说：『京兆少师楷法，自元常、二王、永师、秘监、率更、河南、吴兴，行草则大令、永师、河南、狂素、颠旭、北海、眉山、预章、襄阳，靡不临写工绝。晚节变化出入，不可端倪，风骨烂漫，天真纵逸。』祝允明正是在遍临魏晋唐宋诸名家的基础上，博采众长，冶为一炉，创造出遒媚宕逸、酣畅淋漓的祝体书法。其小楷波画森然，结构缜密，幽深无际，古雅有余，超然物外。其行草劲爽舒展，雄肆奔放，变化裕如，无拘无束，高视千古。王穉登说：『枝指公独能于矩矱绳度中而具豪纵奔逸之气，如丰肌妃子，著霓裳羽衣，在翠盘中舞，而惊鸿游龙，徊翔自若，信是书家绝技也。』在其有限的艺术生涯中留下了无数的书法佳作。现存世较有名的有《出师表》、《闲居秋日诗》、《六体诗赋卷》、《洛神赋》、《草书诗卷》、《牡丹赋》、《唐寅落花诗》、《前后赤壁赋》、《归田赋等诗文册》、《云江记》、《李白诗卷》等。由于篇幅所限，本书选录草书精品《云江记》和《李白诗卷》。

《云江记》，纸本，墨迹，纵二十六·六厘米，横二百六十五·五厘米。书于明孝宗弘治八年（一四九五），是祝允明三十六岁时的草书作品。

《李白诗卷》，纸本，墨迹，纵二十七·七厘米，横四百五十五·五厘米。书于明嘉靖三年（一五二四）。现藏故宫博物院。

祝允明的草书技法高超，他将二王、怀素、张旭、黄山谷等融会贯通，写得劲健豪放，刚柔相济，点画狼藉，烟云变幻。平心而论，祝允明的狂草虽不如怀素圆劲遒逸，也不像张旭的欹侧跌宕，但他那任情挥洒、神采飞动的韵律确实令人扼腕叹服。

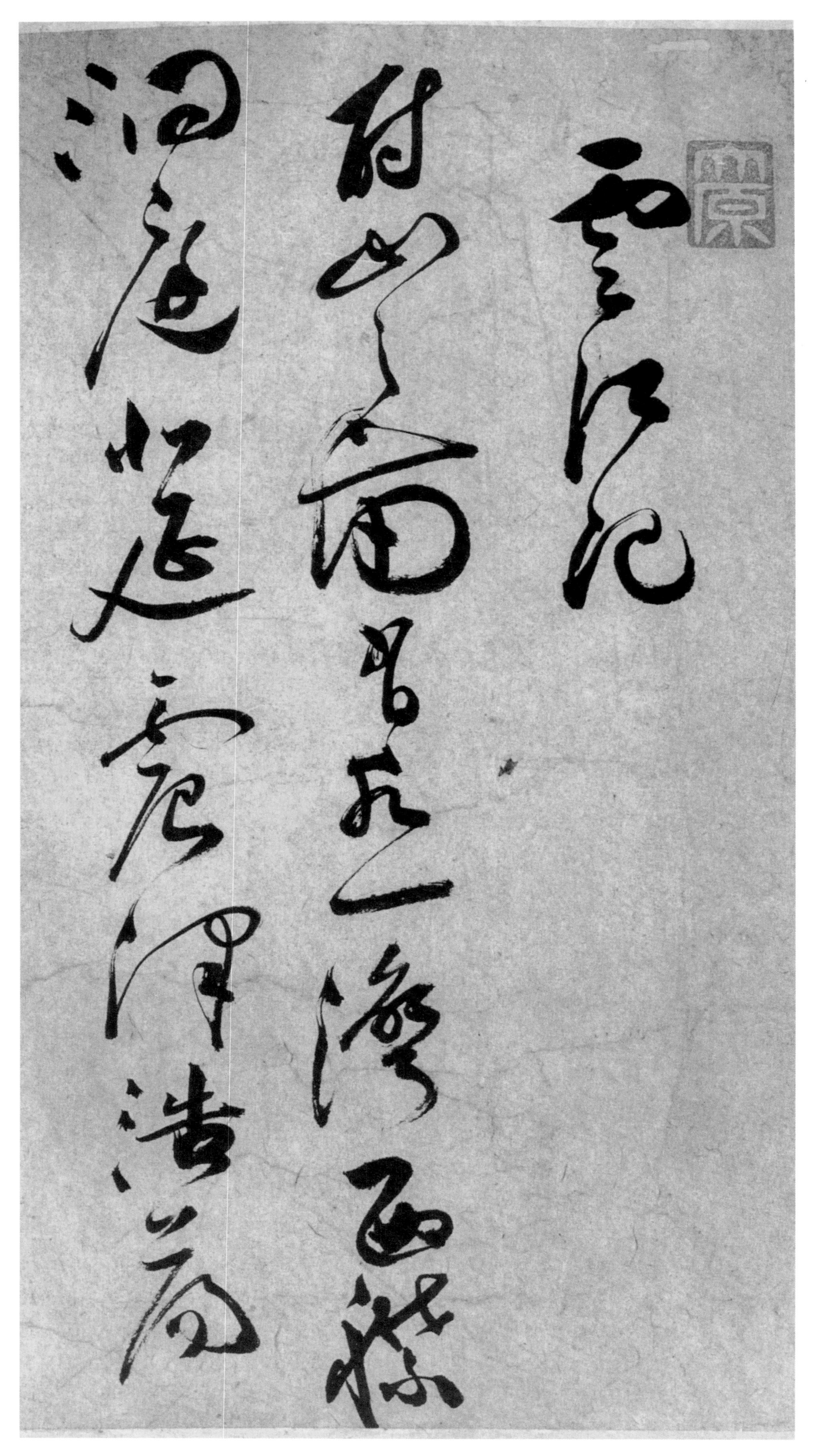

云江记

尉山之南。有水一湾。西襟洞庭。北延震泽。浩荡

无涯。时乎风抑烟清。而水波不兴。则云影徘徊。天光上下。风景殊媚。

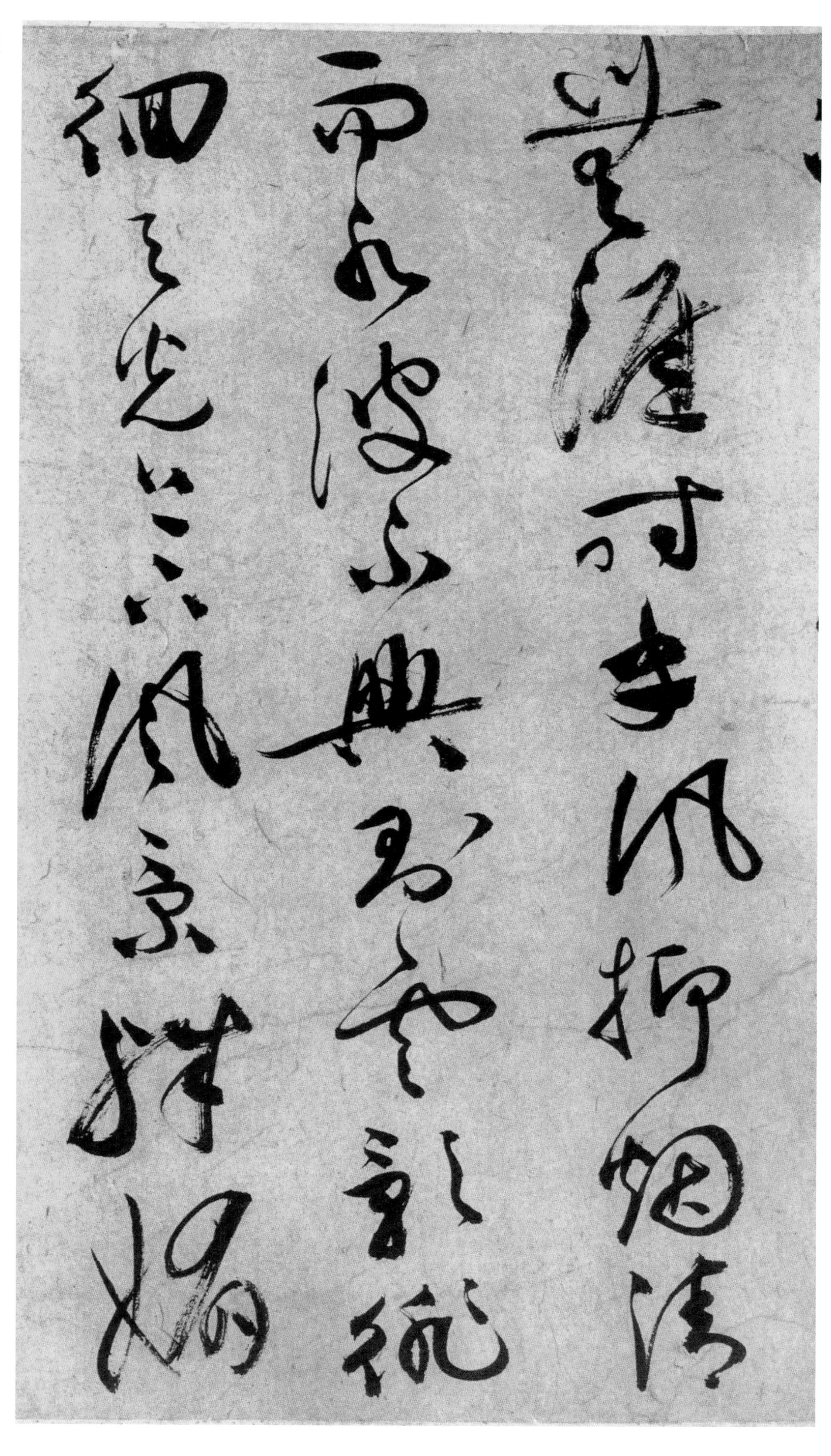

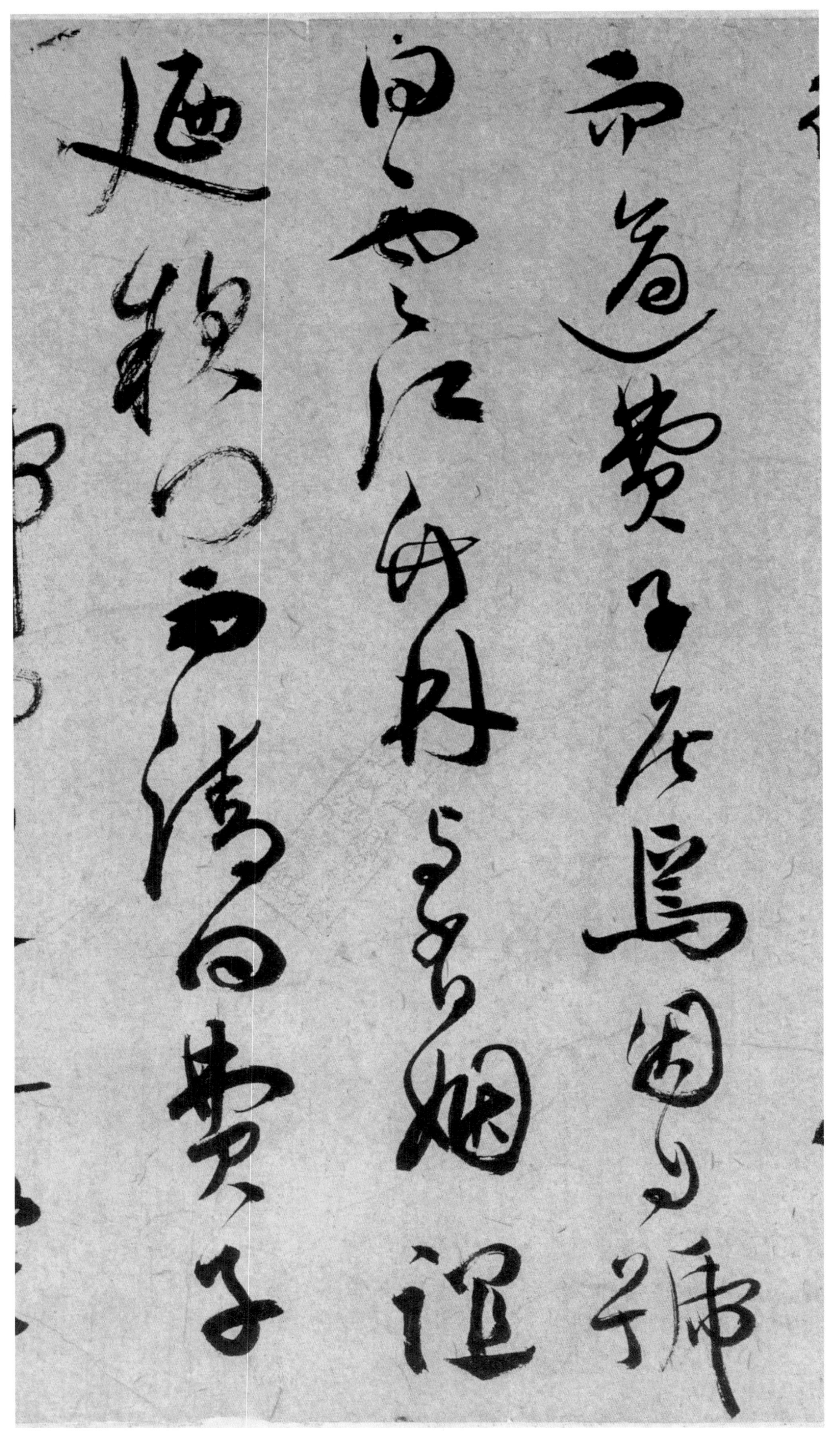

而适费子居焉。因自号曰云江竹林。与有姻谊。乃欵门而请曰。费子

谓是号也。非文无以章其志。非名笔无以永其传。将谋所以识

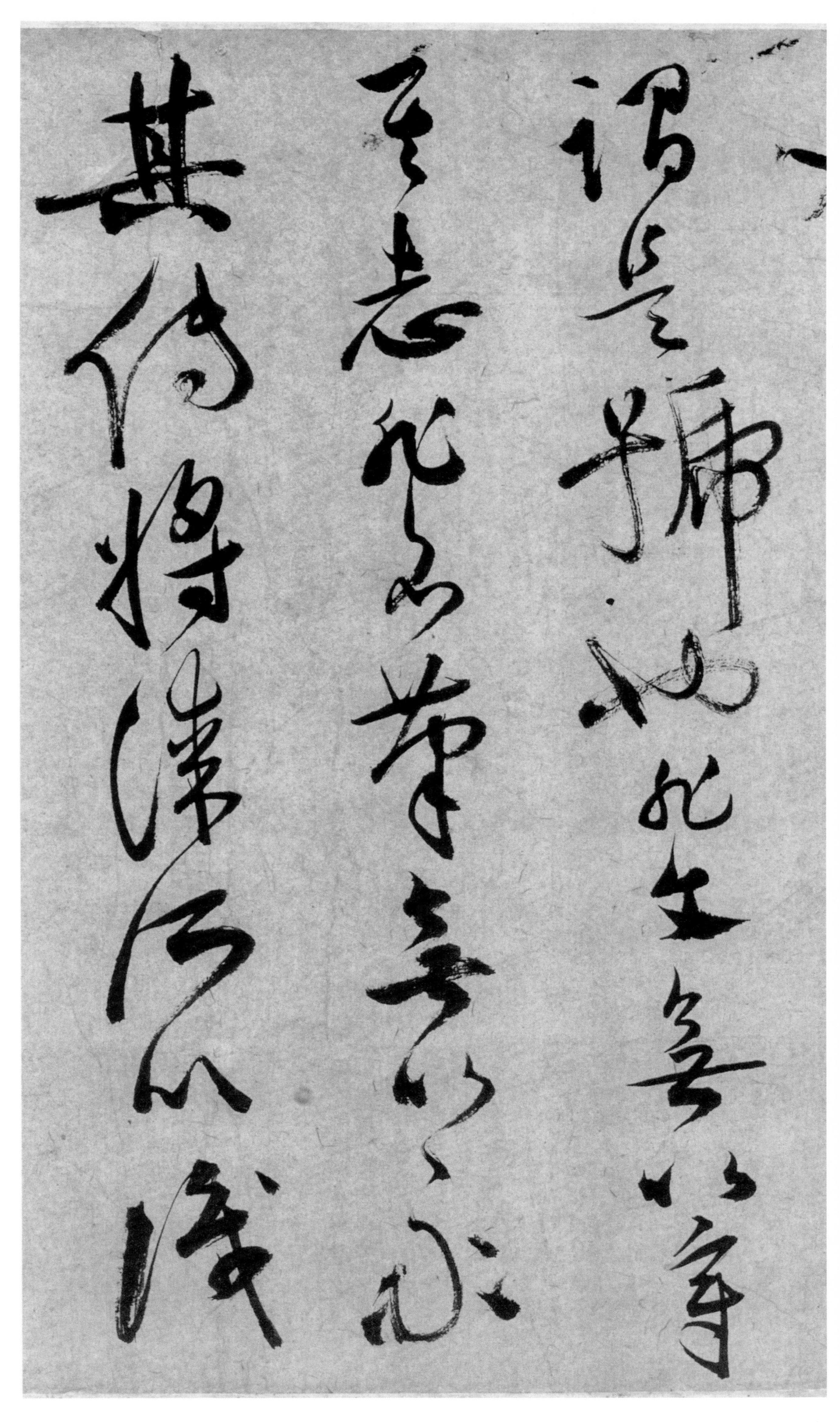

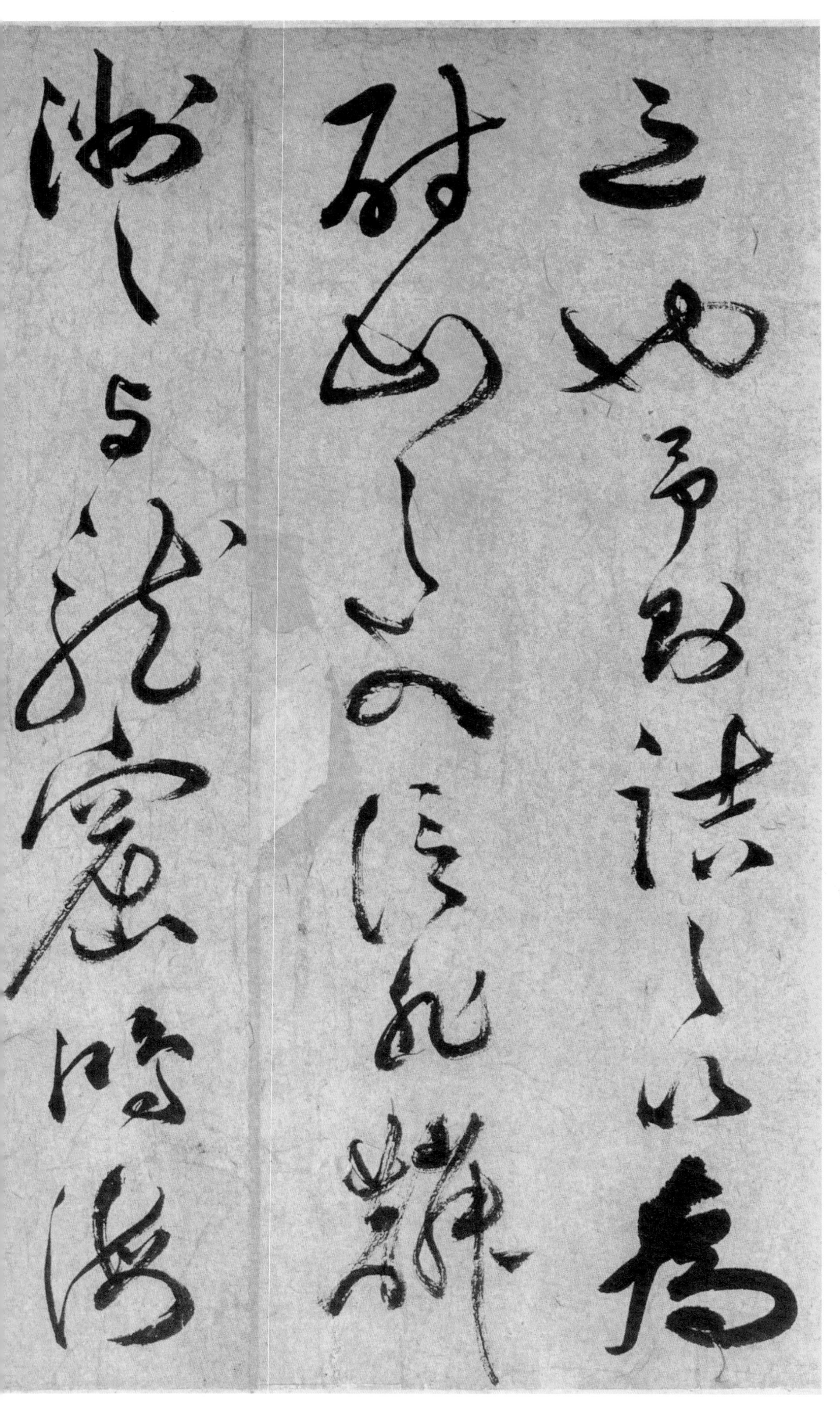

之也。予则诘之。以为尉山之水。信非麟洲之与龙窟。鸿海

之与鹍溟。不过一碧之狂澜。故费子足取欤。请者不能复。而

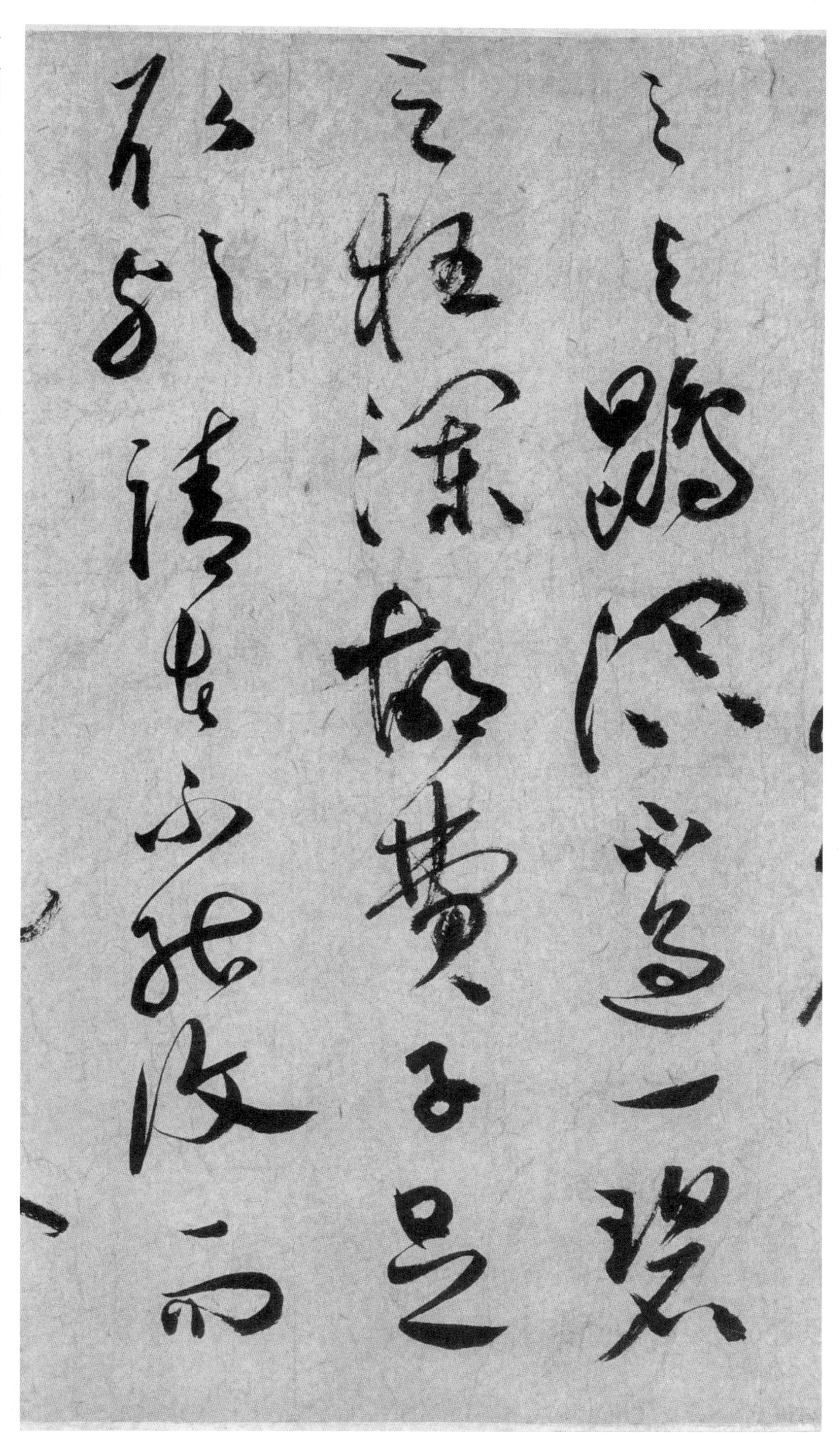

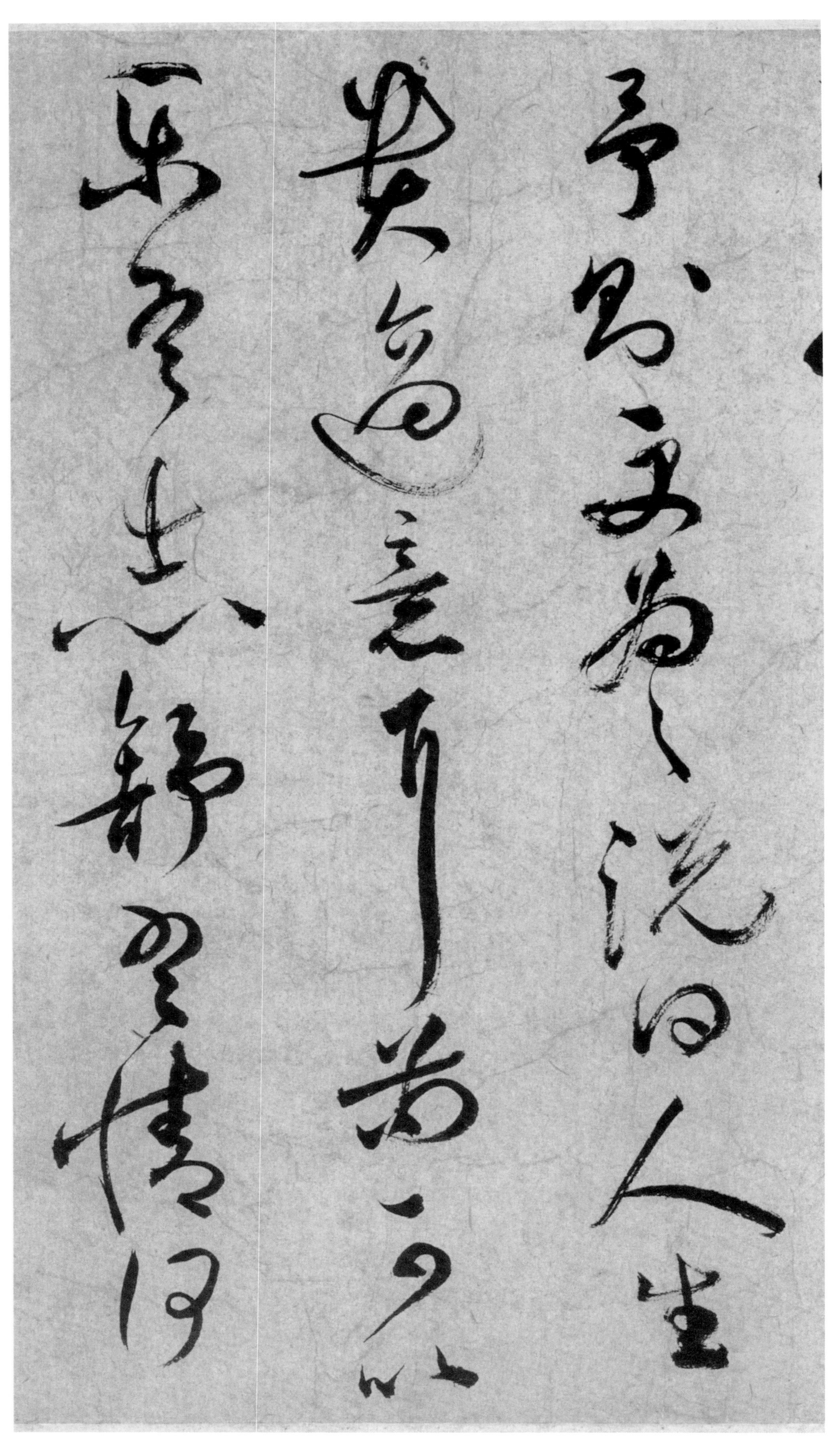

予则更为之说曰。人生贵适意耳。苟可以乐吾志。舒吾情。何

求乎千里之巨浸。万顷之洪涛。矧是江也。诸峰瞰水。若芙蓉

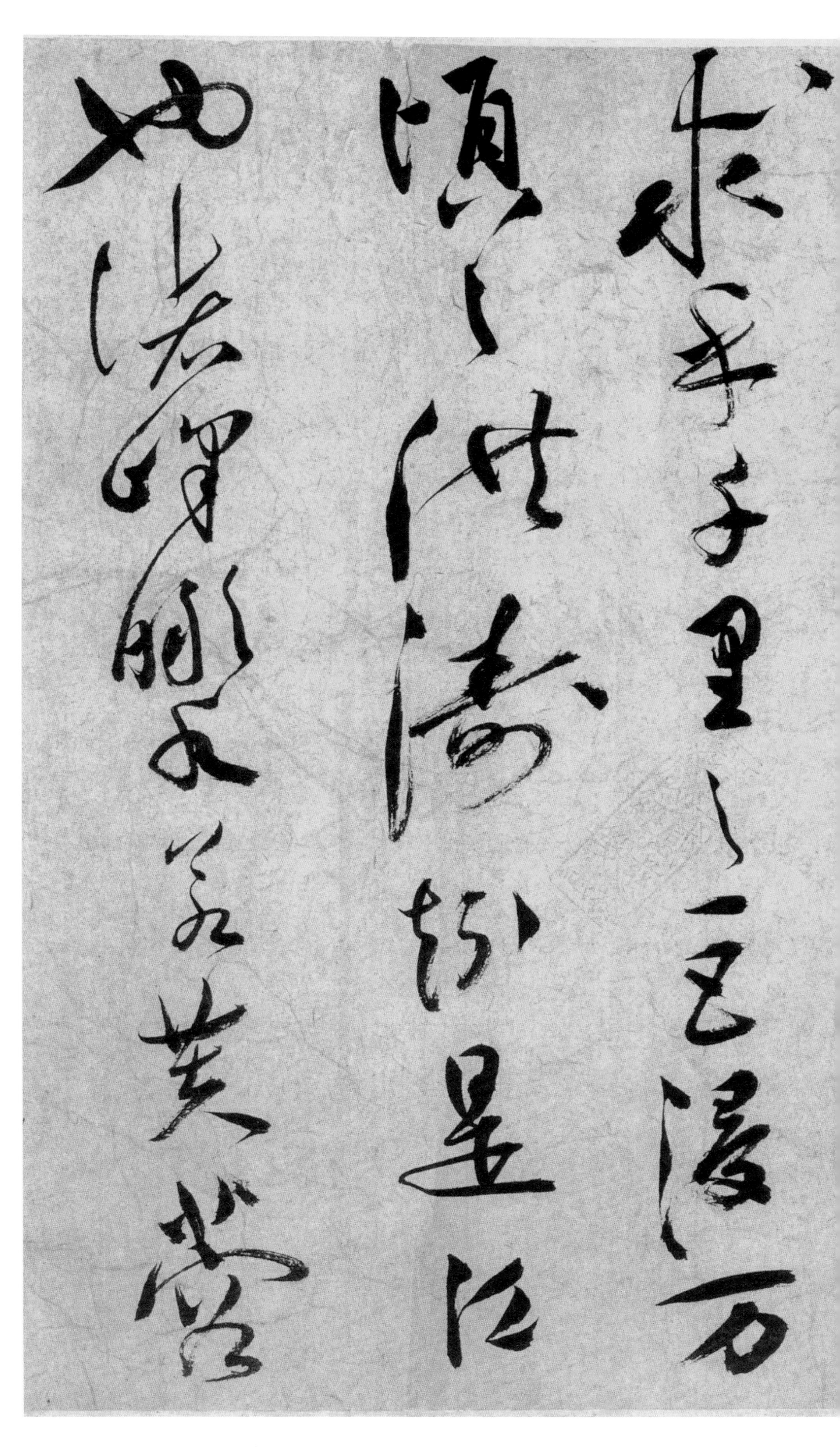

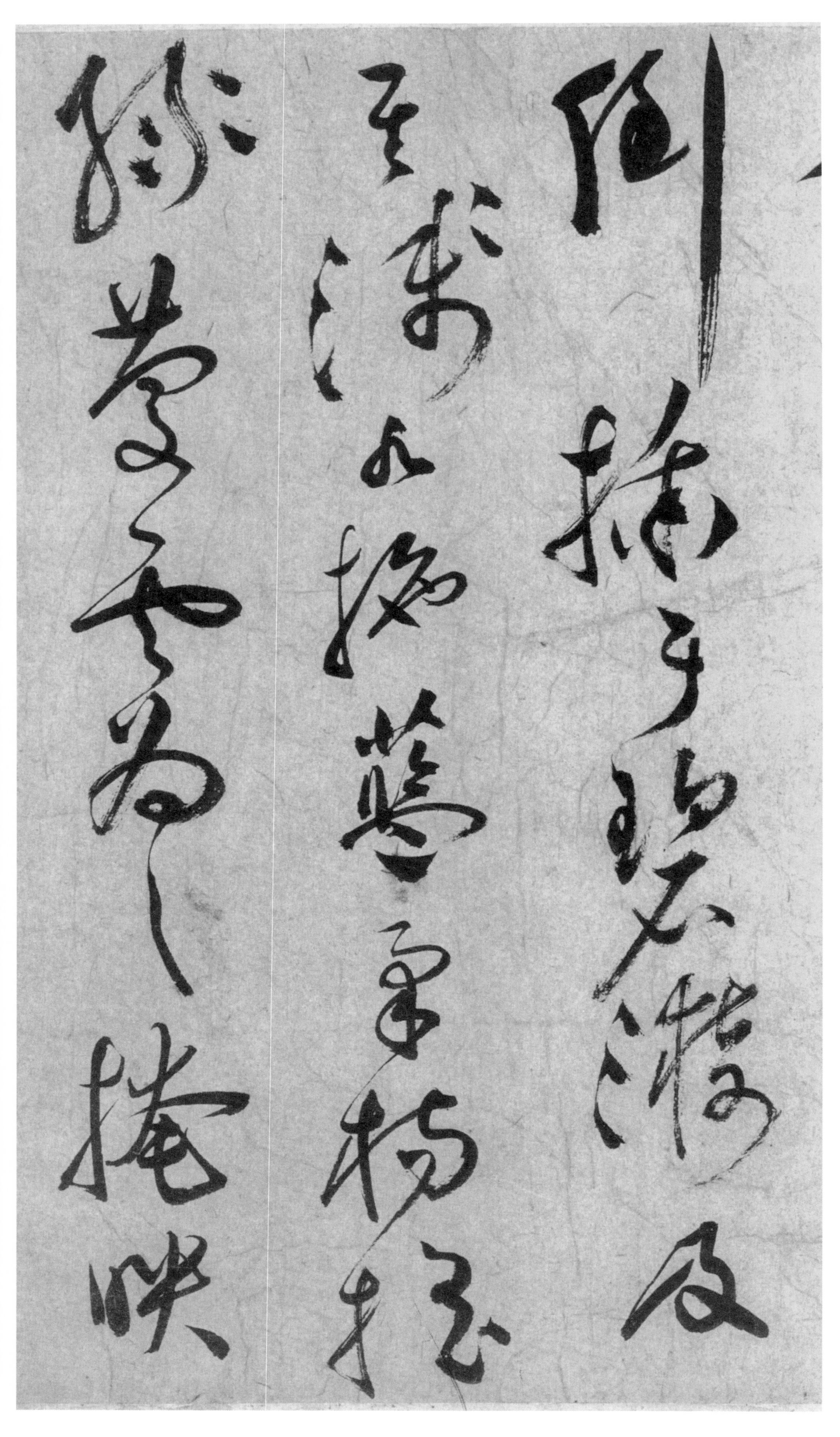

倒插于碧漪。及其浅水拖蓝。柔杨摇绿。庆云为之掩映。

霞彩为之滢洄。临流赋诗。操舟载酒。或筑子陵之钓台。

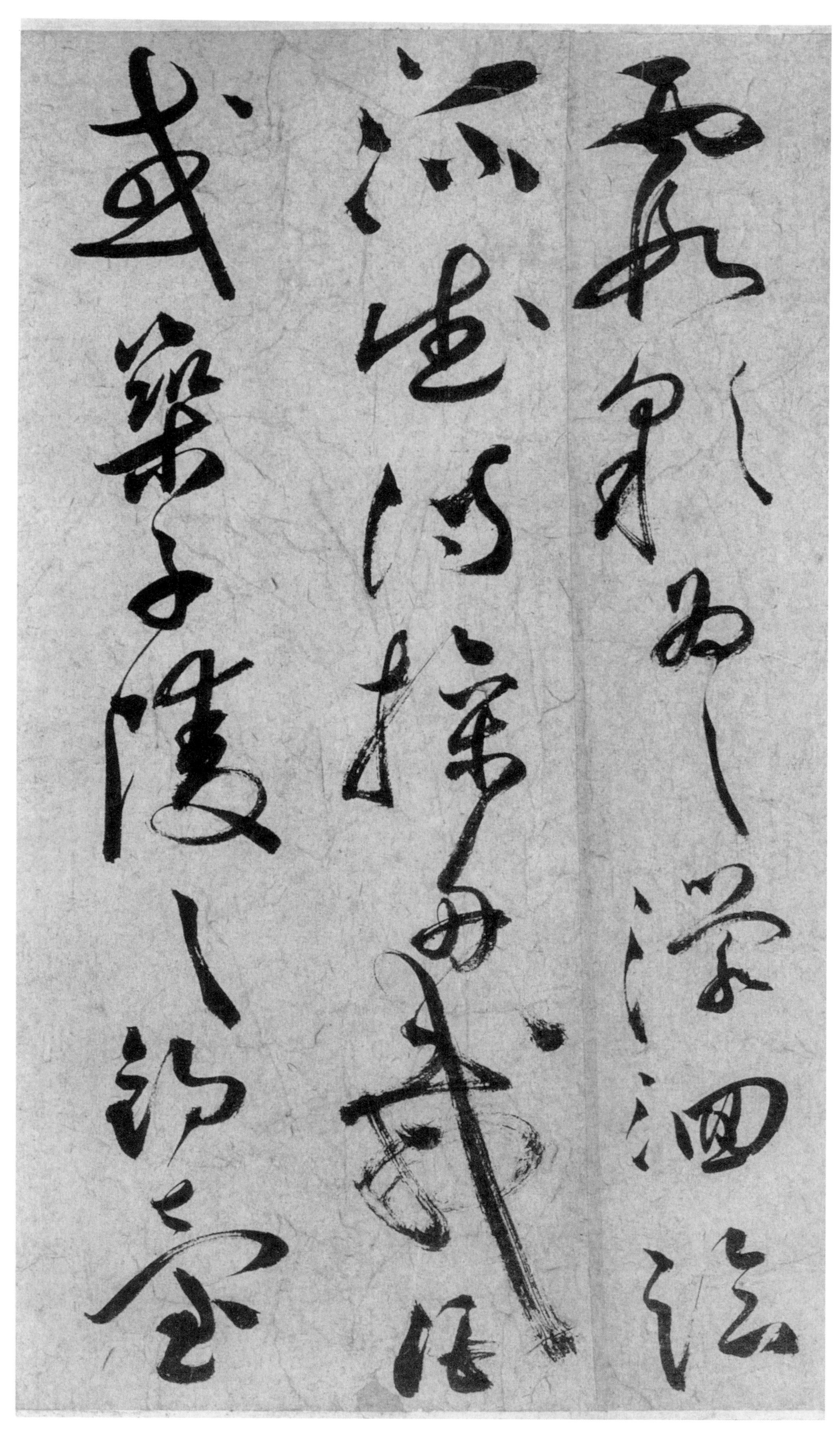

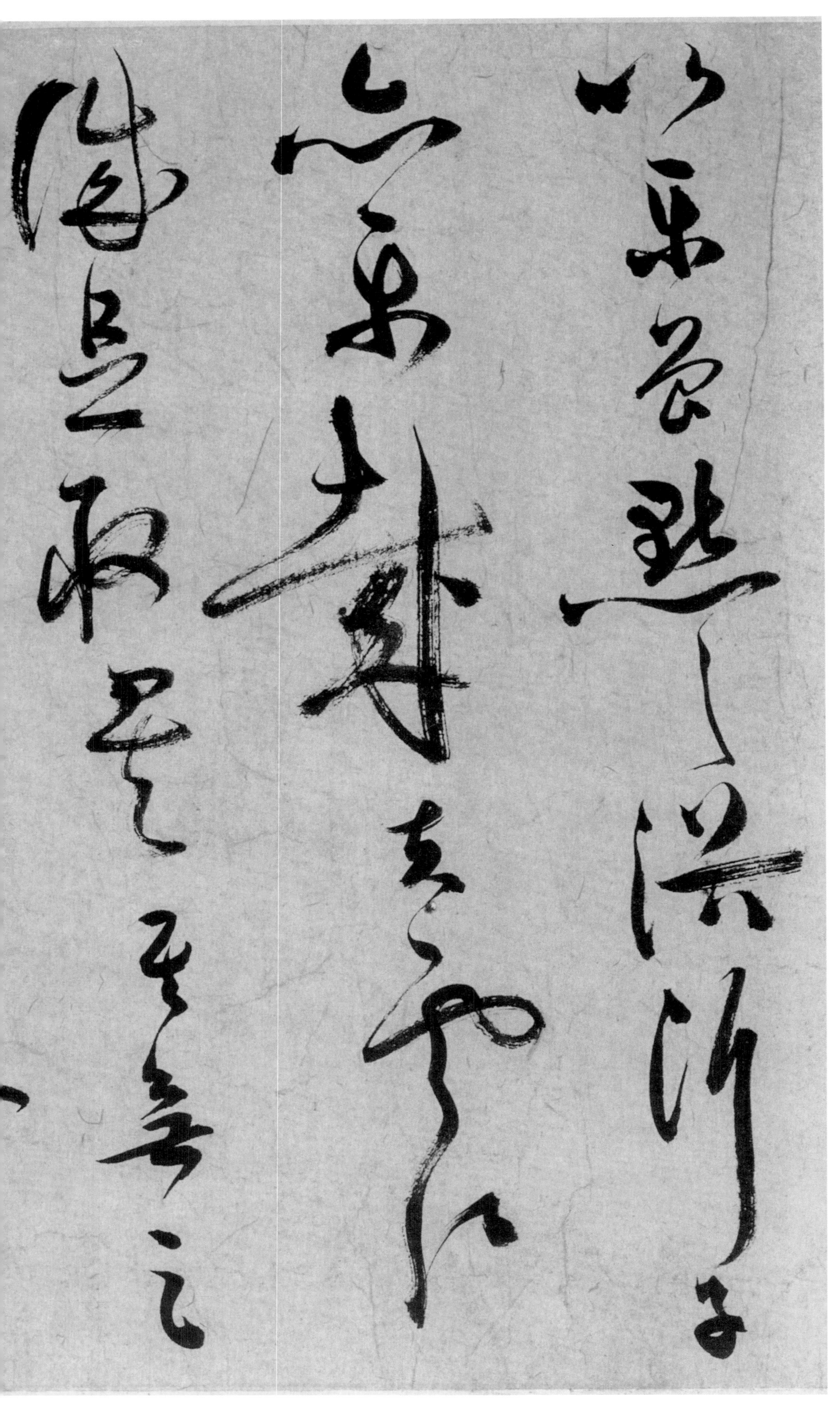

以乐曾点之浴沂。子亦乐哉。夫云江诚足取矣。其无足

取者。子其知焉。奋雄立志。当如祖逖之过江击楫可也。

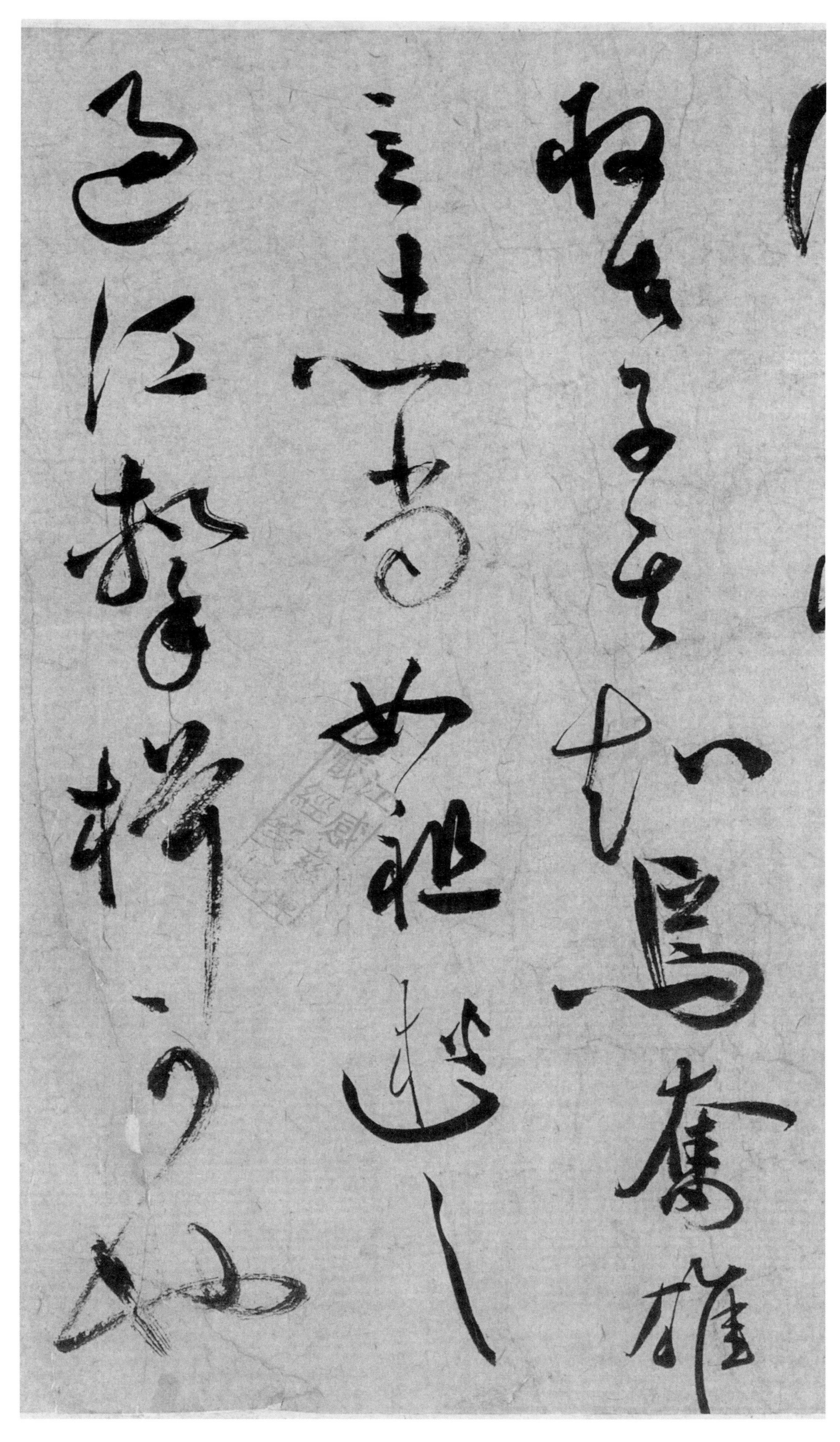

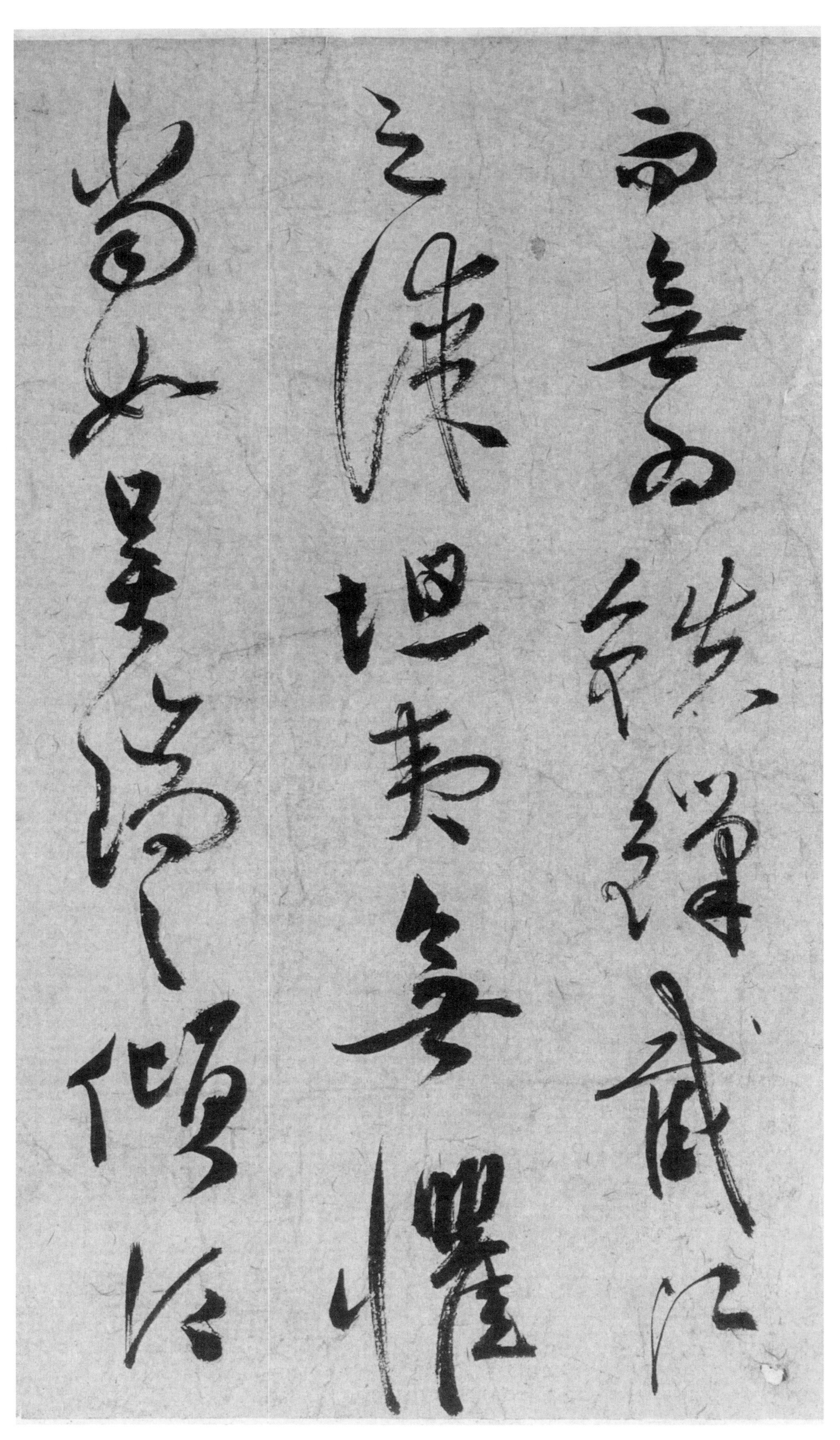

而无为铁锁截江之谋。坦夷无惧。当如吴瑞之倾江。

自若可也。而毋为临江叹恨之弱。吾故欲子之乐于此。而不

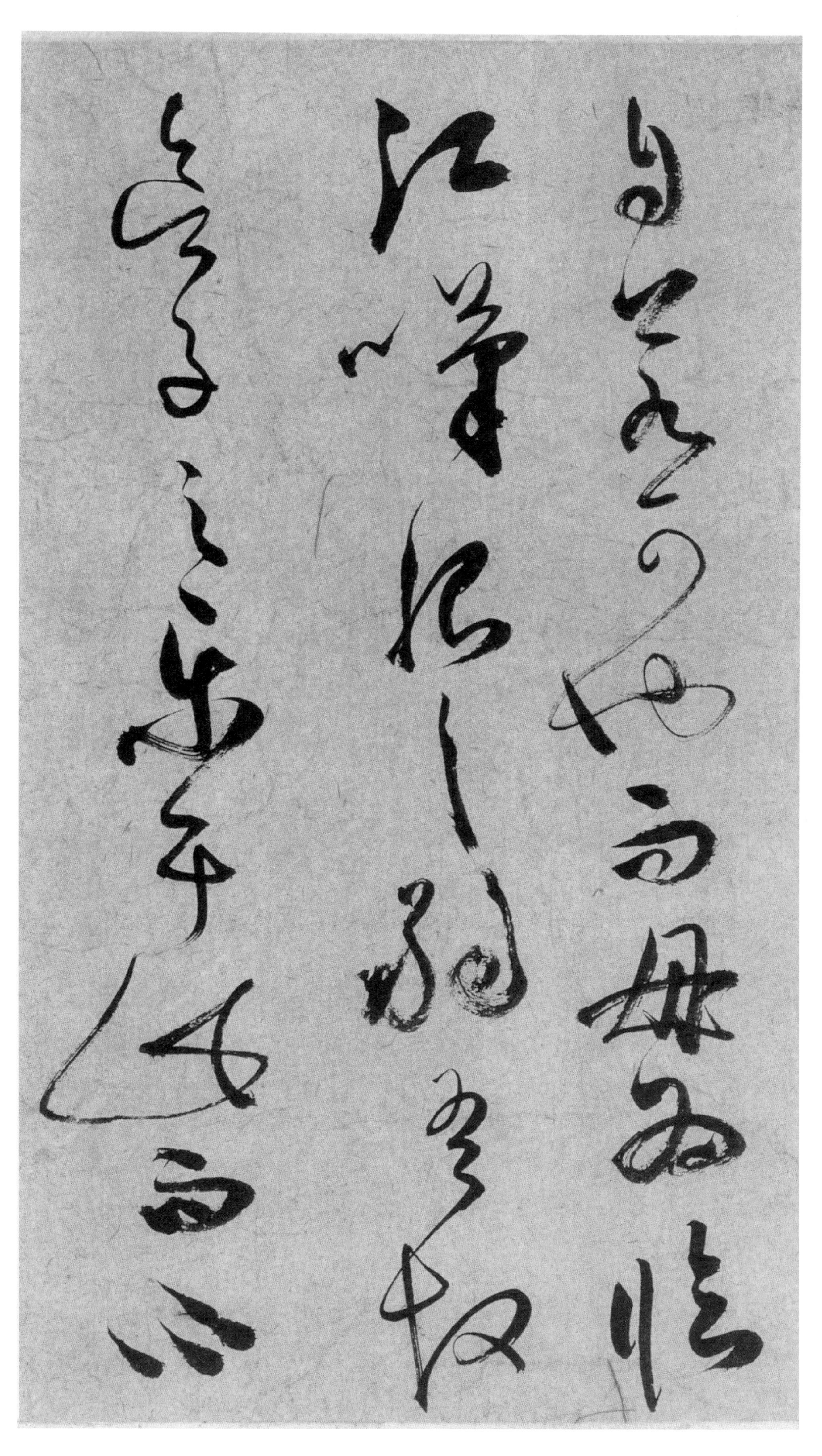

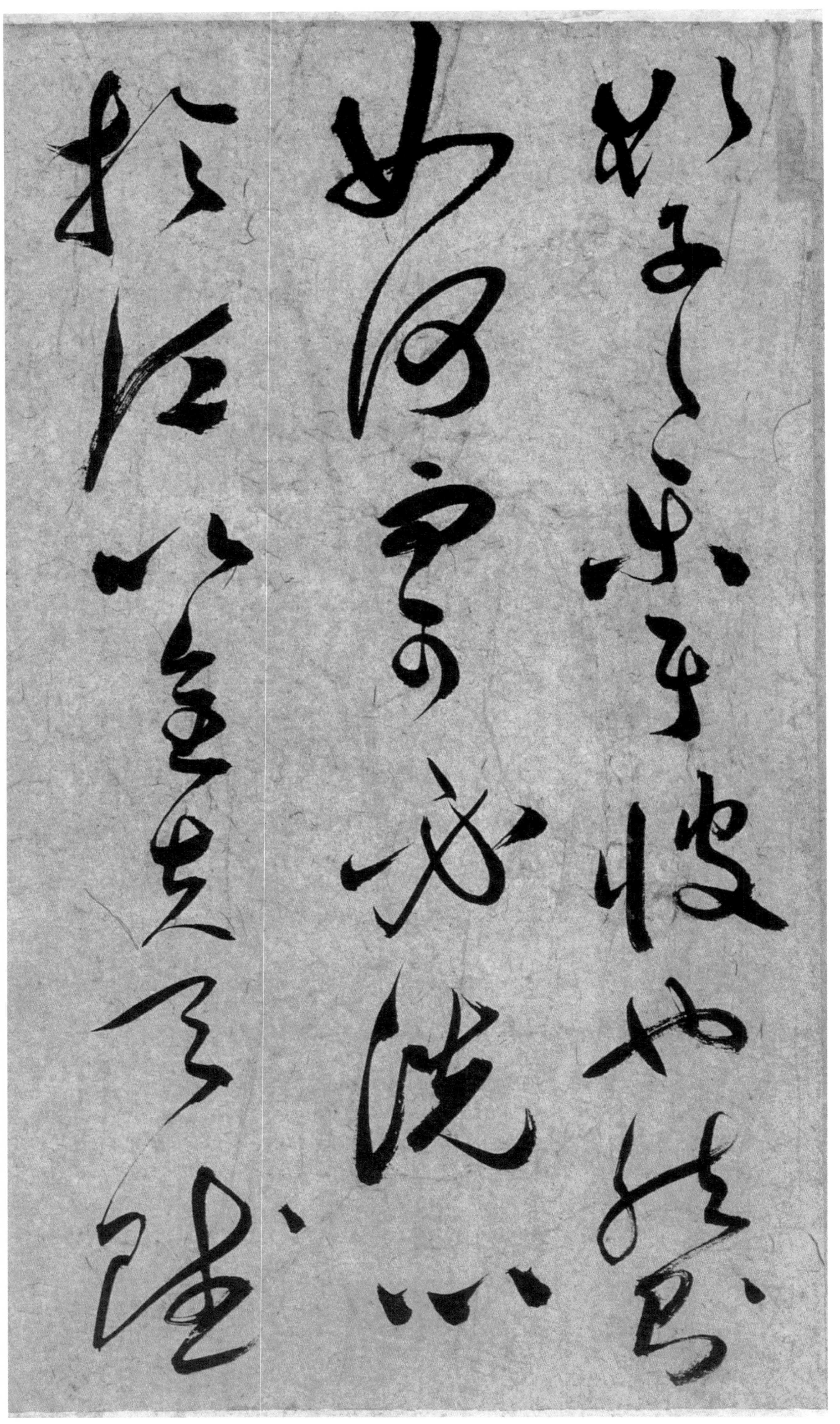

欲子之乐于彼也。然则如何而可。必洗心于江。以全夫天赋

之懿。不可溺情于江。以沦于逐流之非。竹林起而谢曰。愿遗

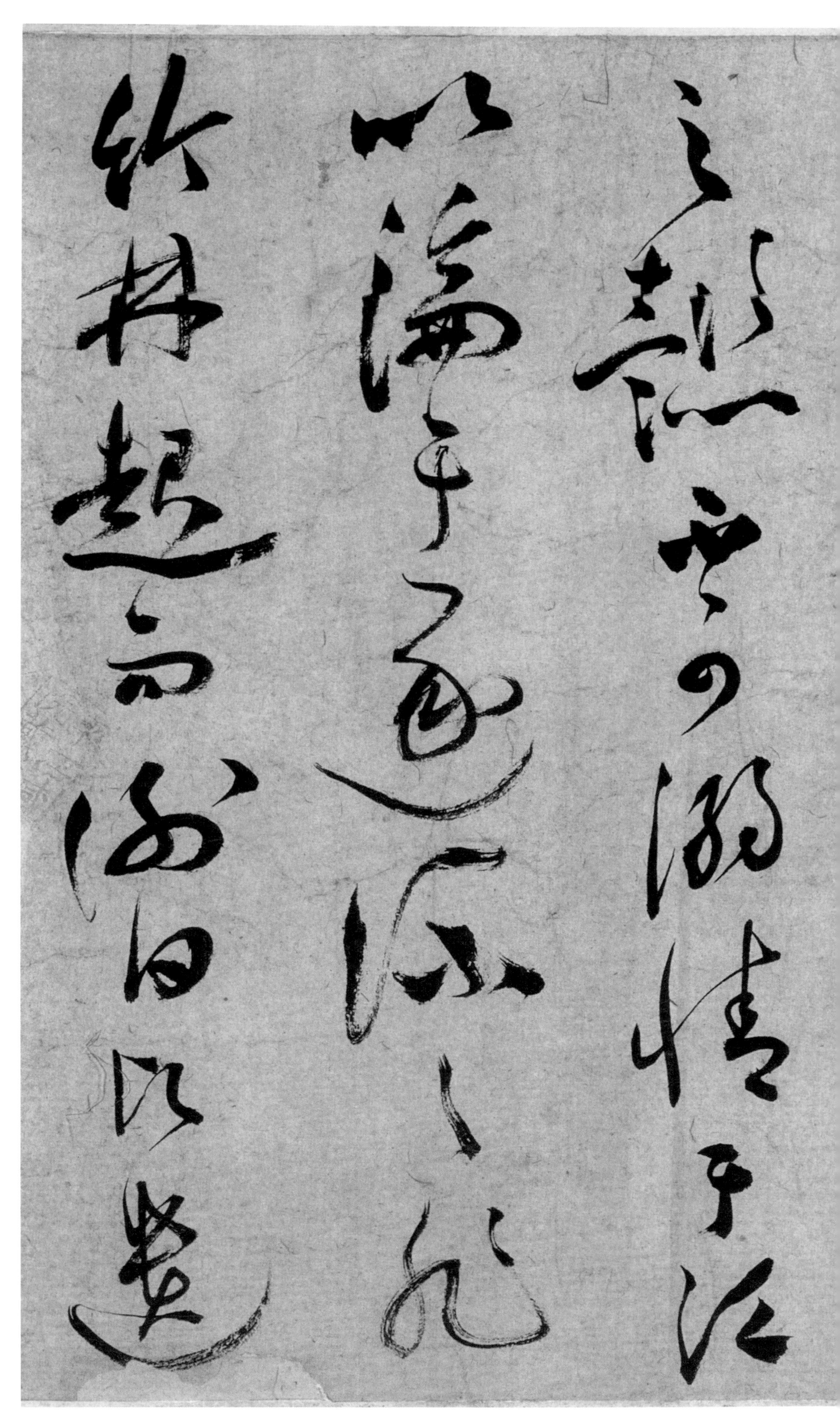

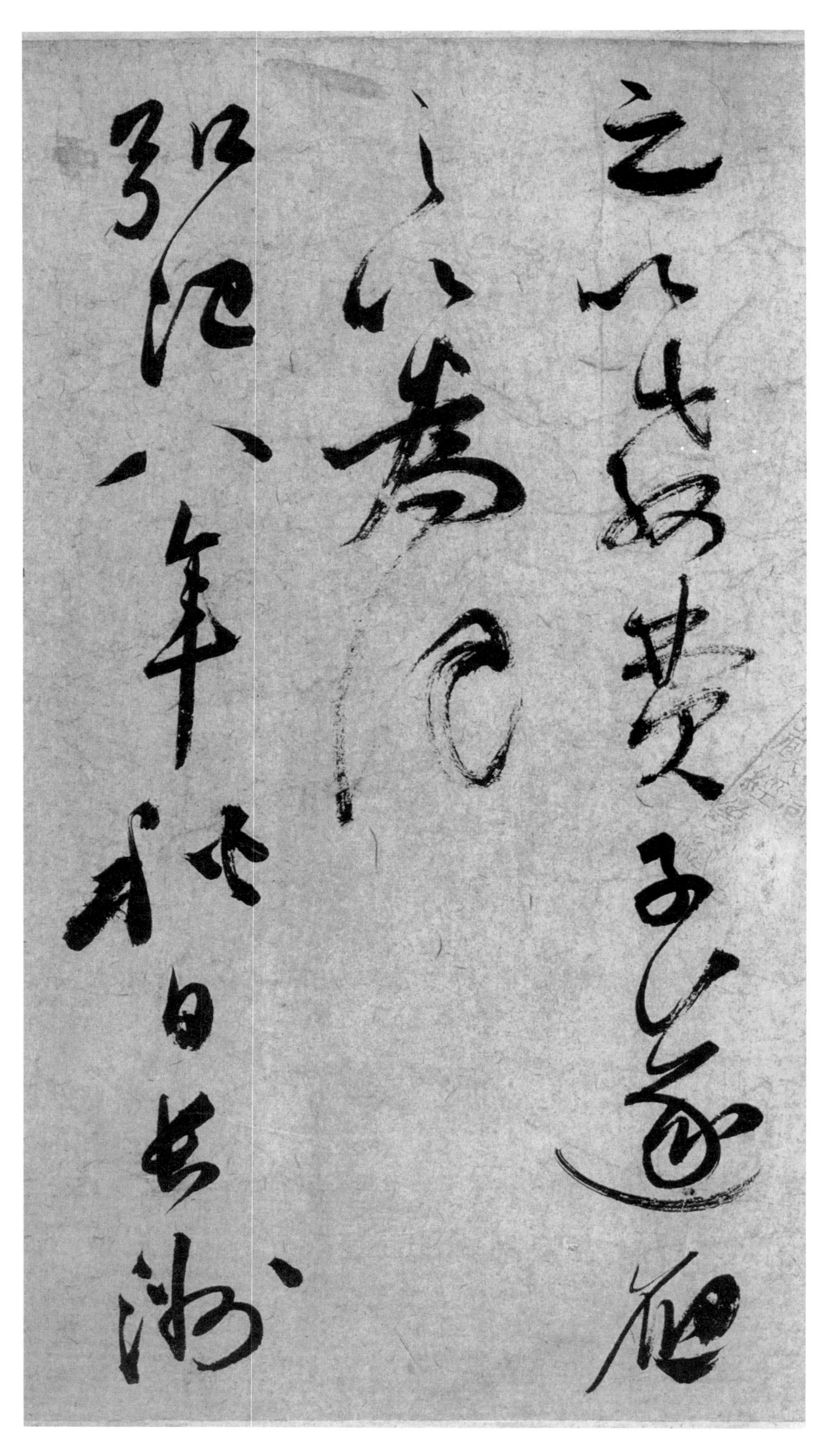

之以教费子。遂应之以为记。弘治八年秋日。长洲

枝山祝允明书。

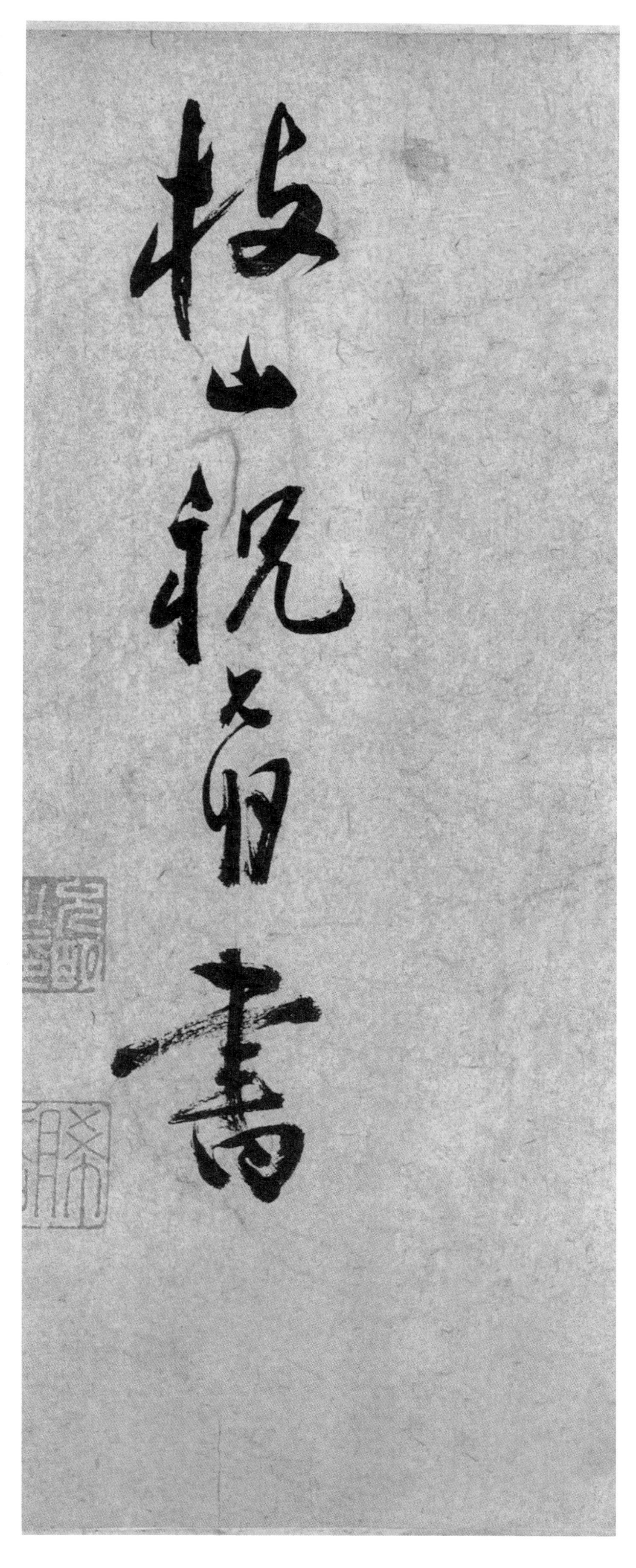

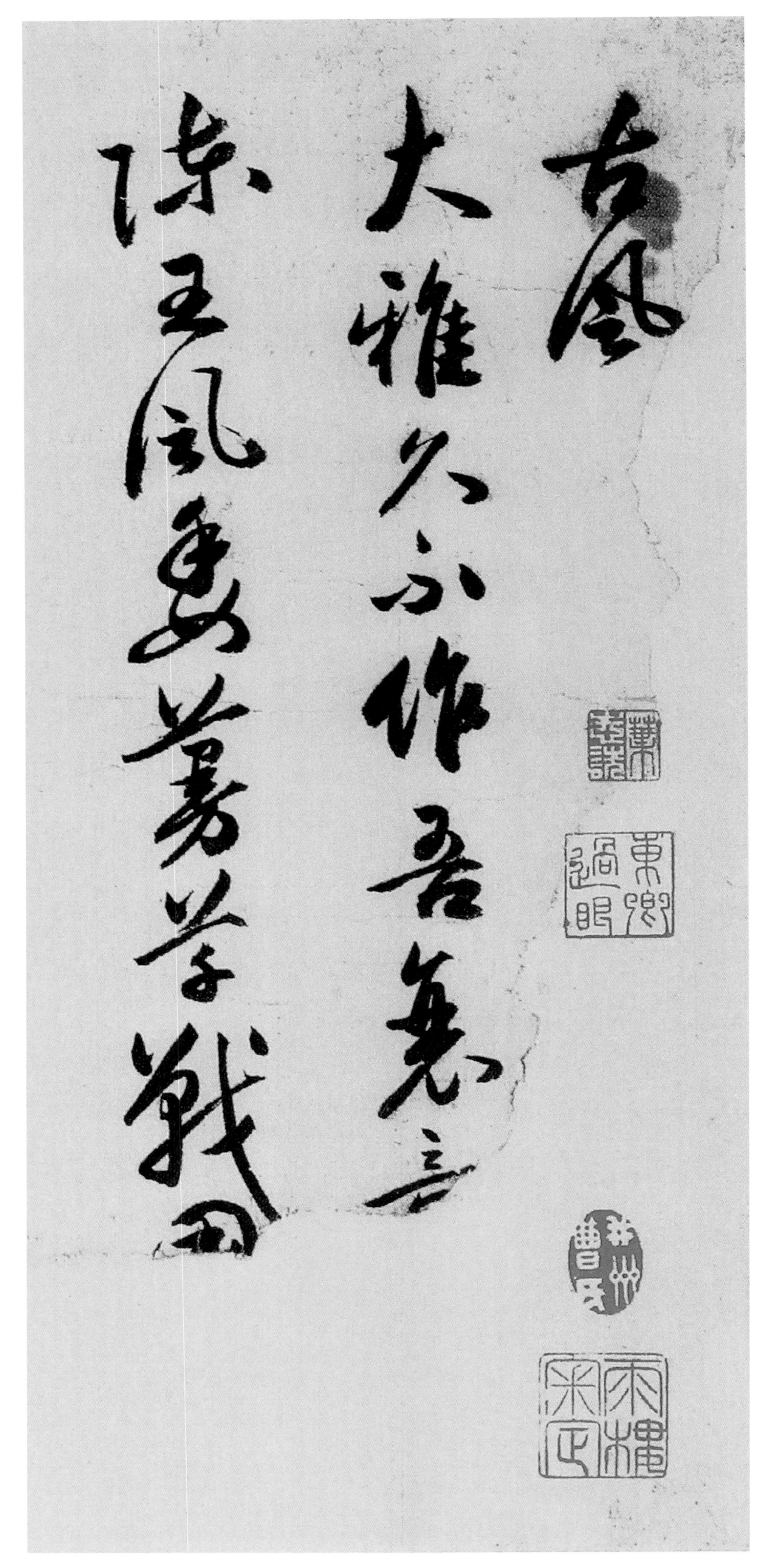

古风。大雅久不作。吾衰□□陈。王风委蔓草。战国□

荆榛。龙虎相啖食。□□逮狂秦。正声何微茫。哀怨起骚人。扬马激颓波。开

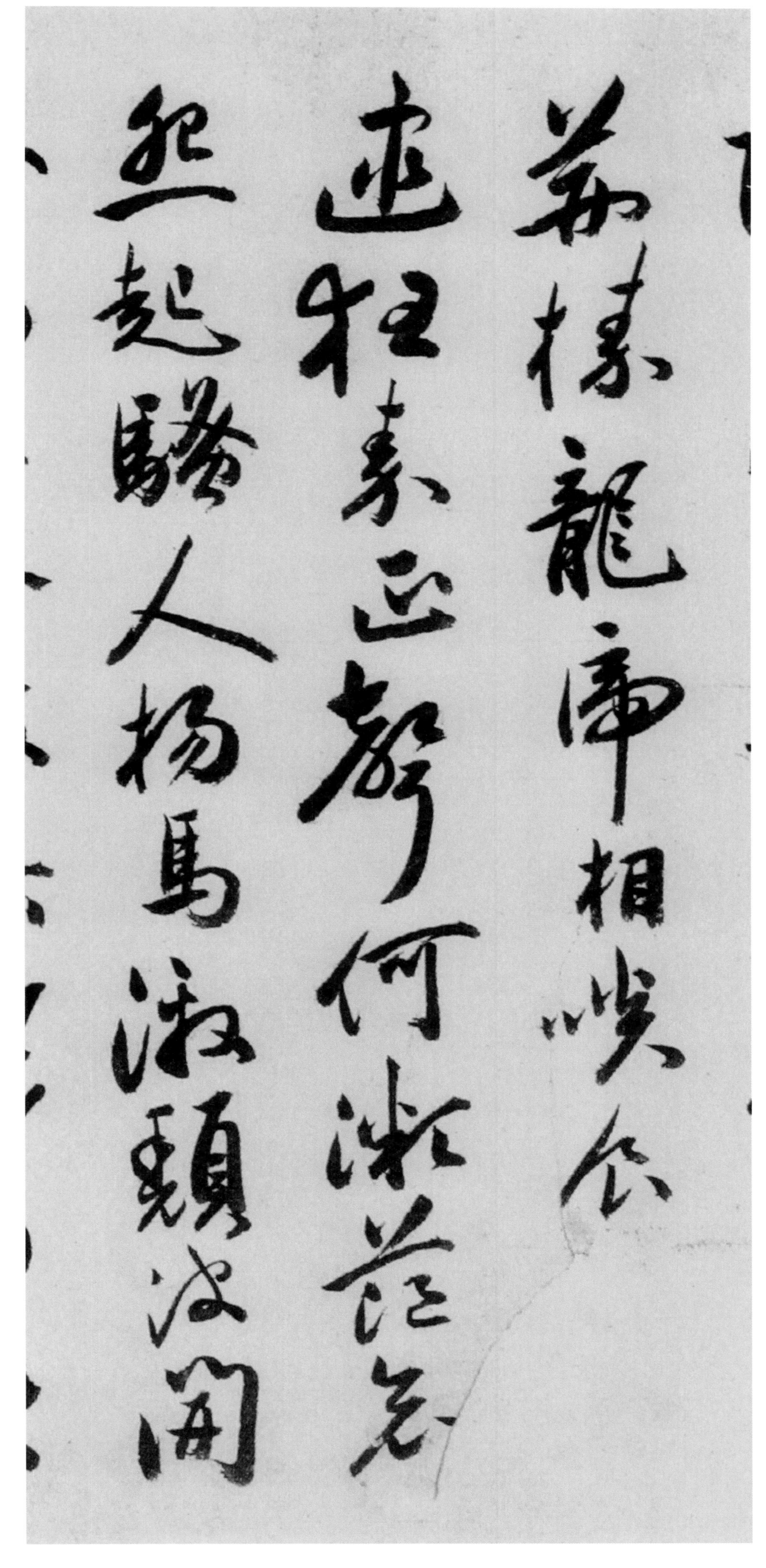

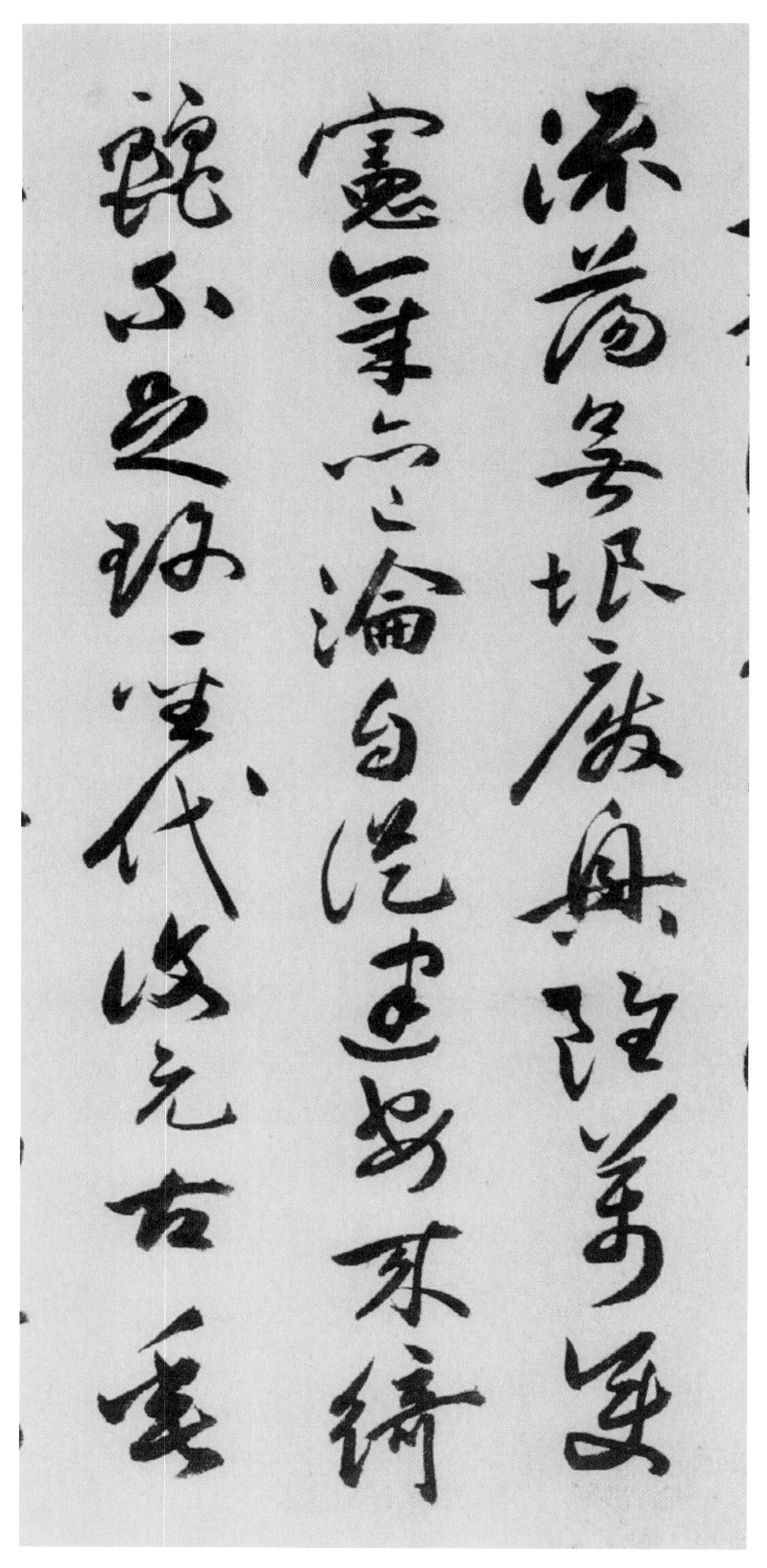

流荡无垠。废兴虽万变。宪章亦已沦。自从建安来。绮丽不足珍。圣代复元古。垂

衣贵清真。群才属休明。乘运共跃鳞。文质相炳焕。众星罗秋旻。我志在删述。

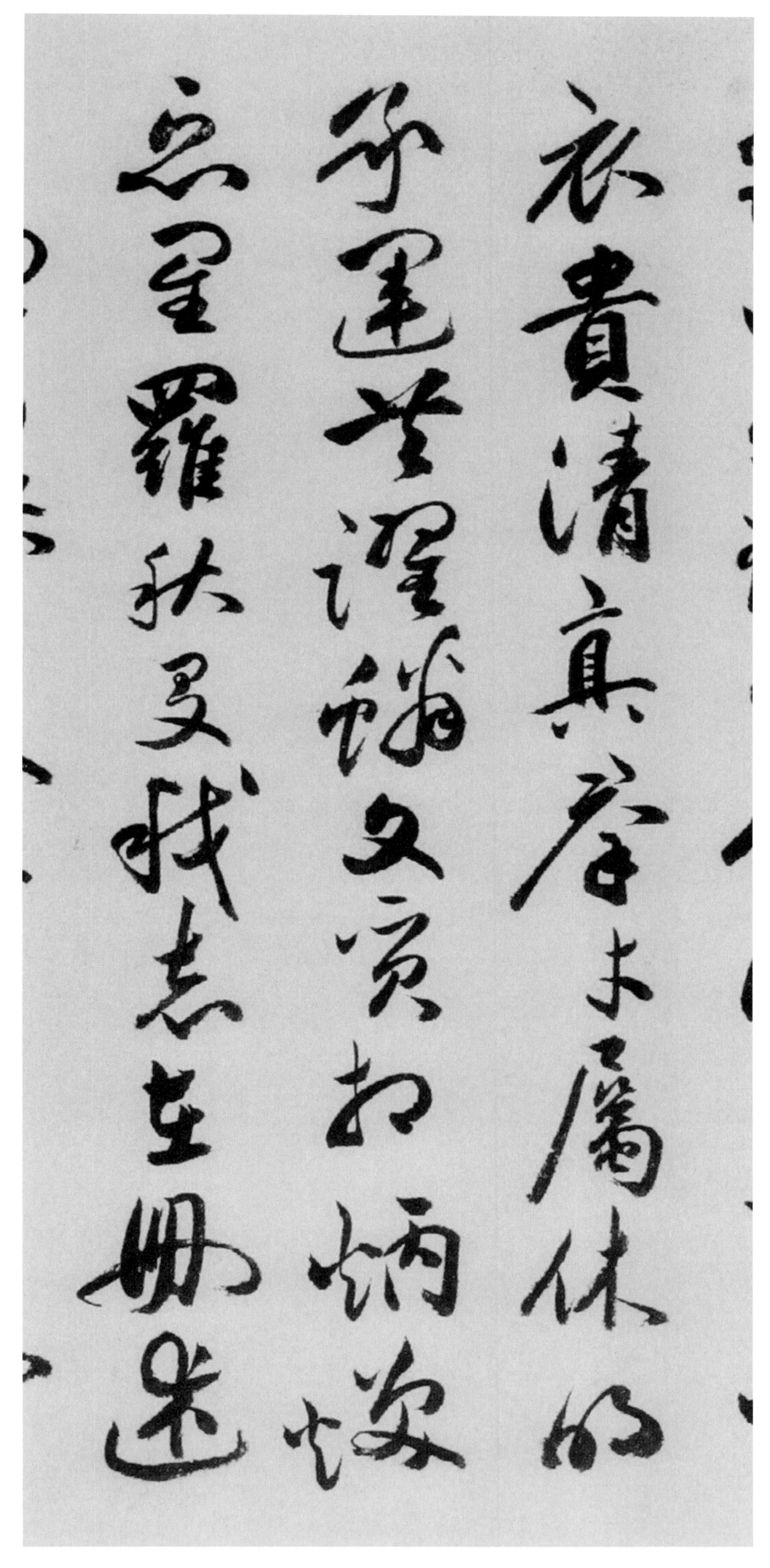

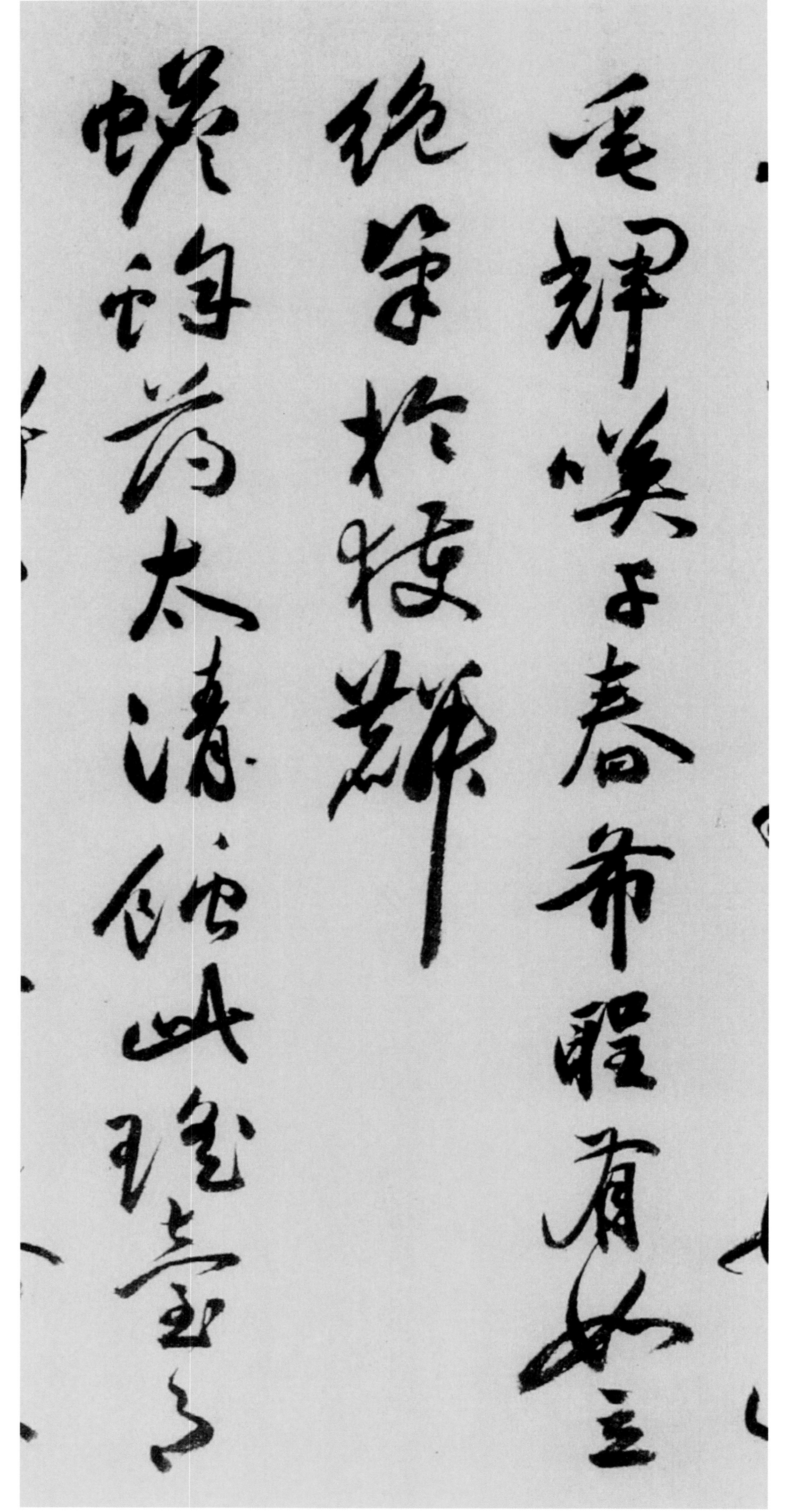

垂辉映千春。希圣如有立。绝笔于获麟。蟾蜍薄太清。蚀此瑶台月。

圆光亏中天。金魄遂沦没。蟪蛛入紫微。大明夷朝晖。浮云隔两曜。万象昏阴霏。

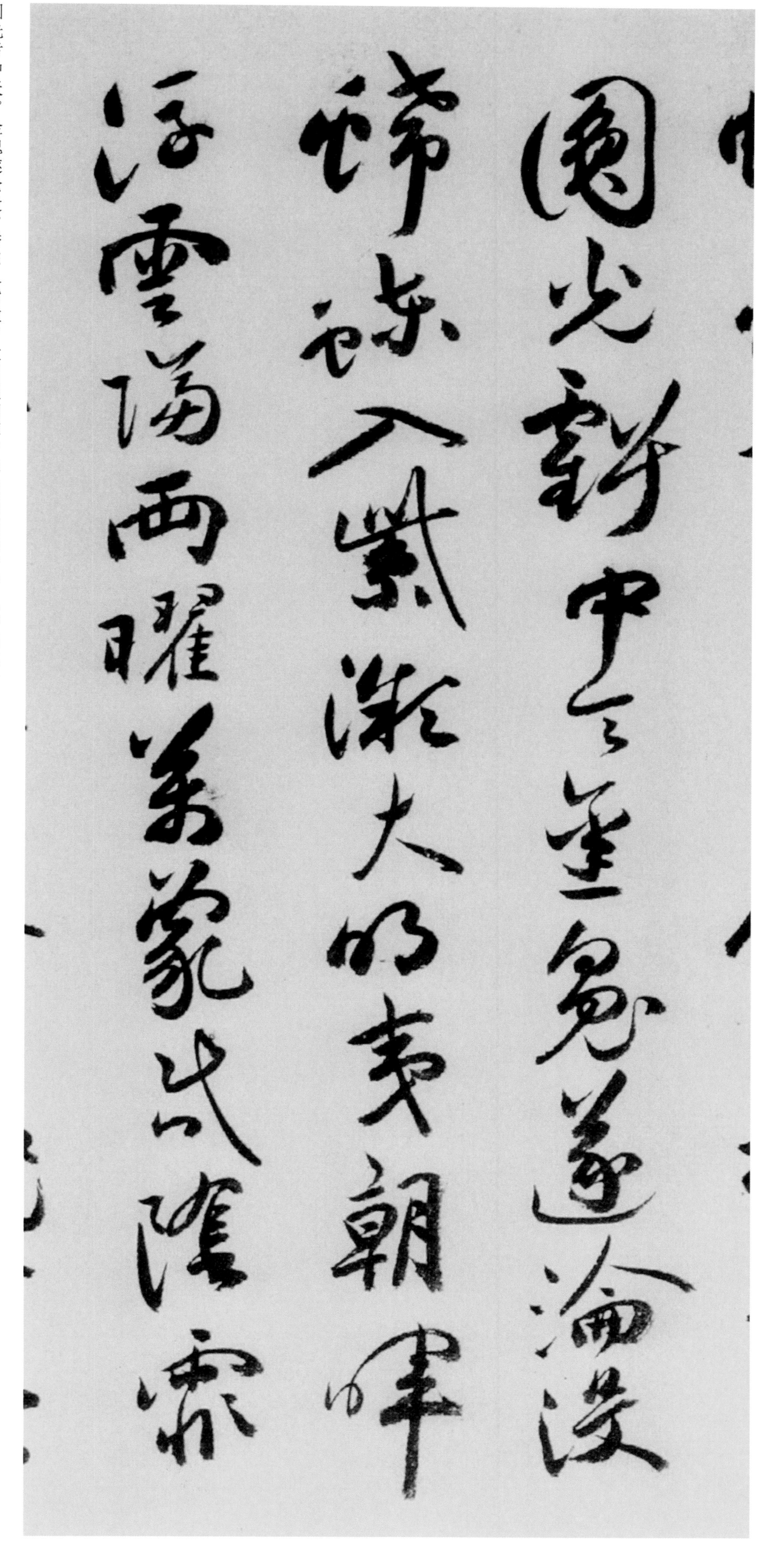

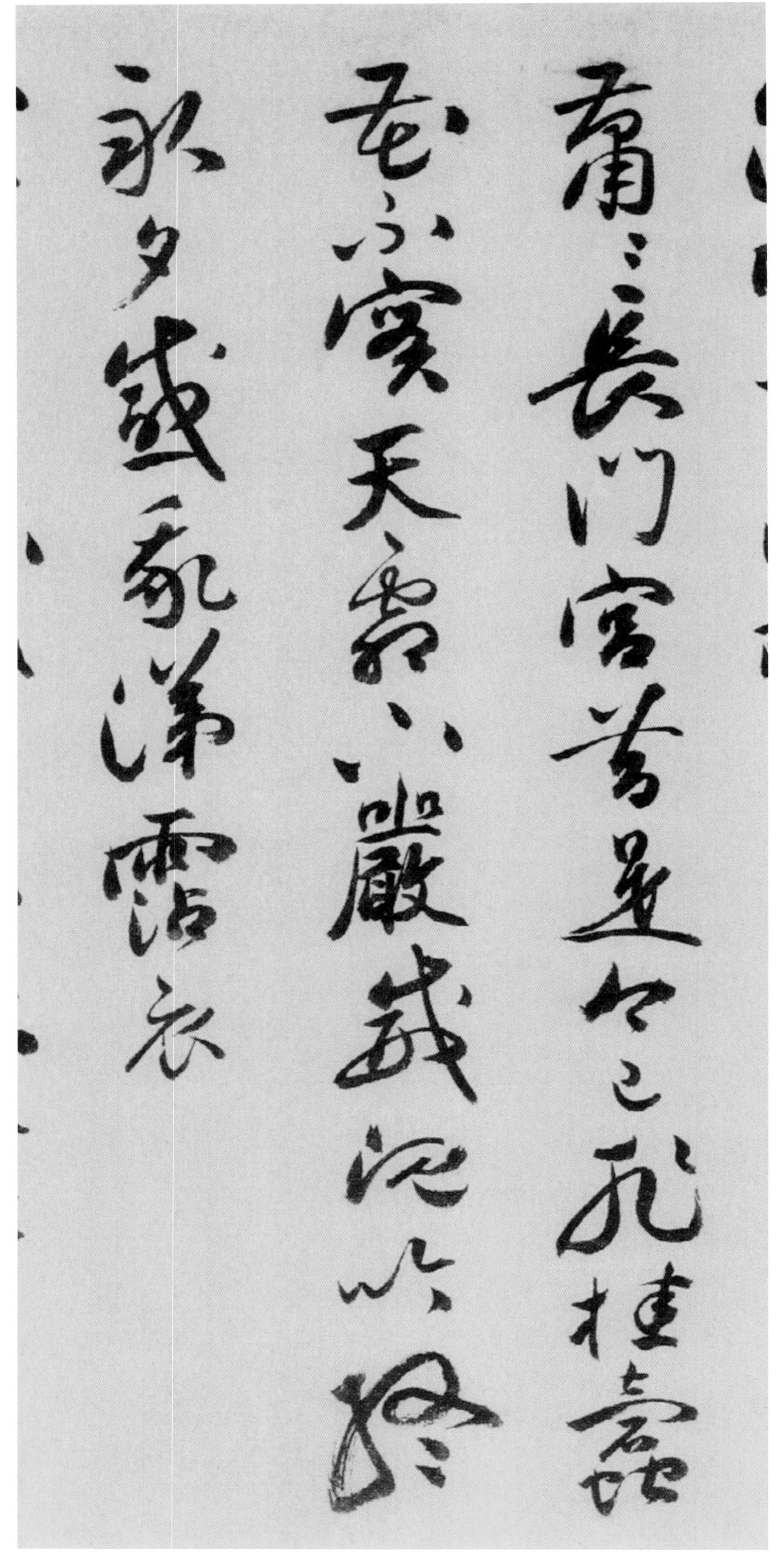

萧萧长门官。昔是今已非。桂蠹花不实。天霜下严威。沉吟终永夕。感我涕沾衣。

代马不思越。越禽不恋燕。情性有所习。土风固其然。昔别雁门关。今戍龙庭前。惊沙乱

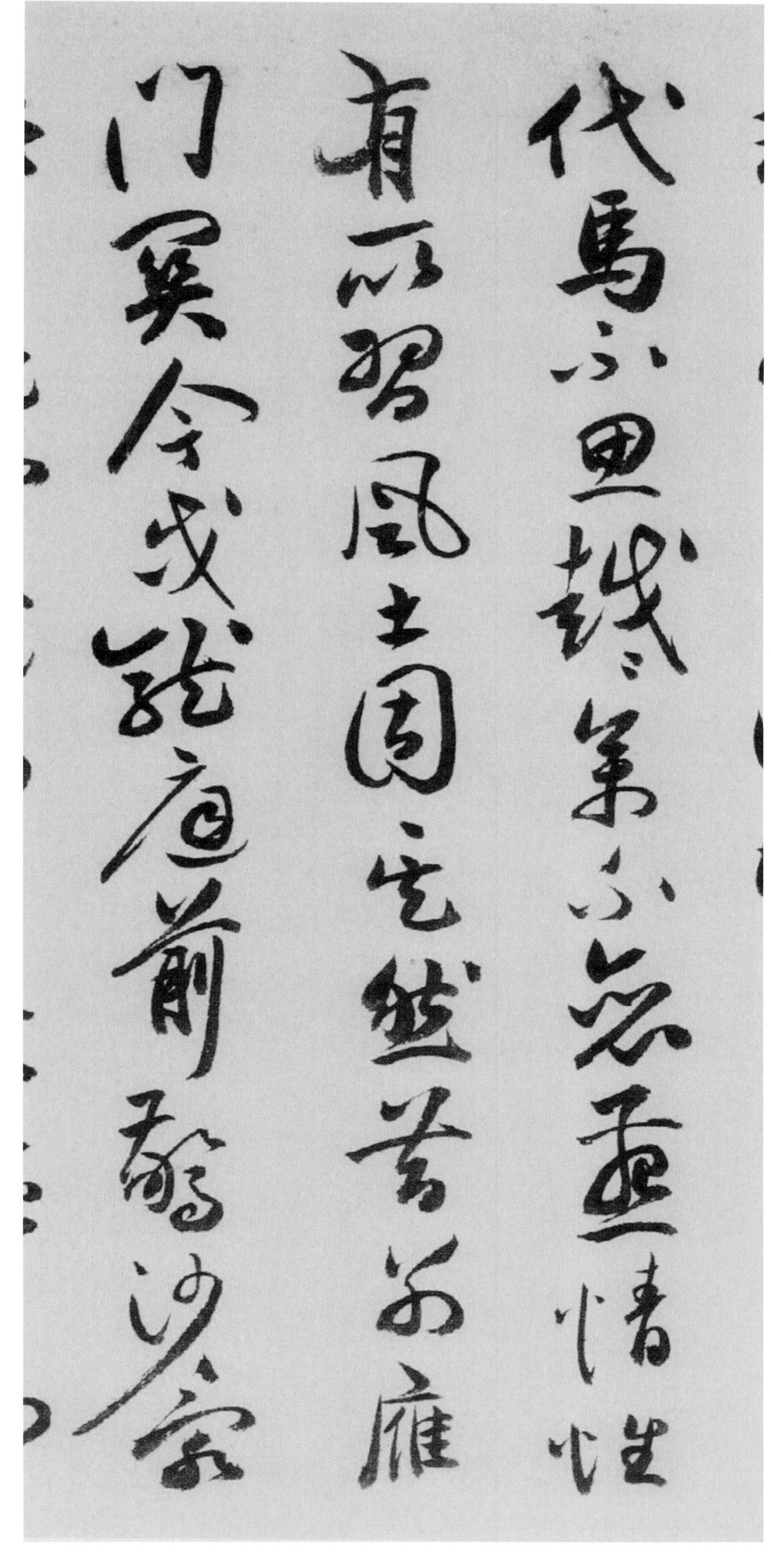

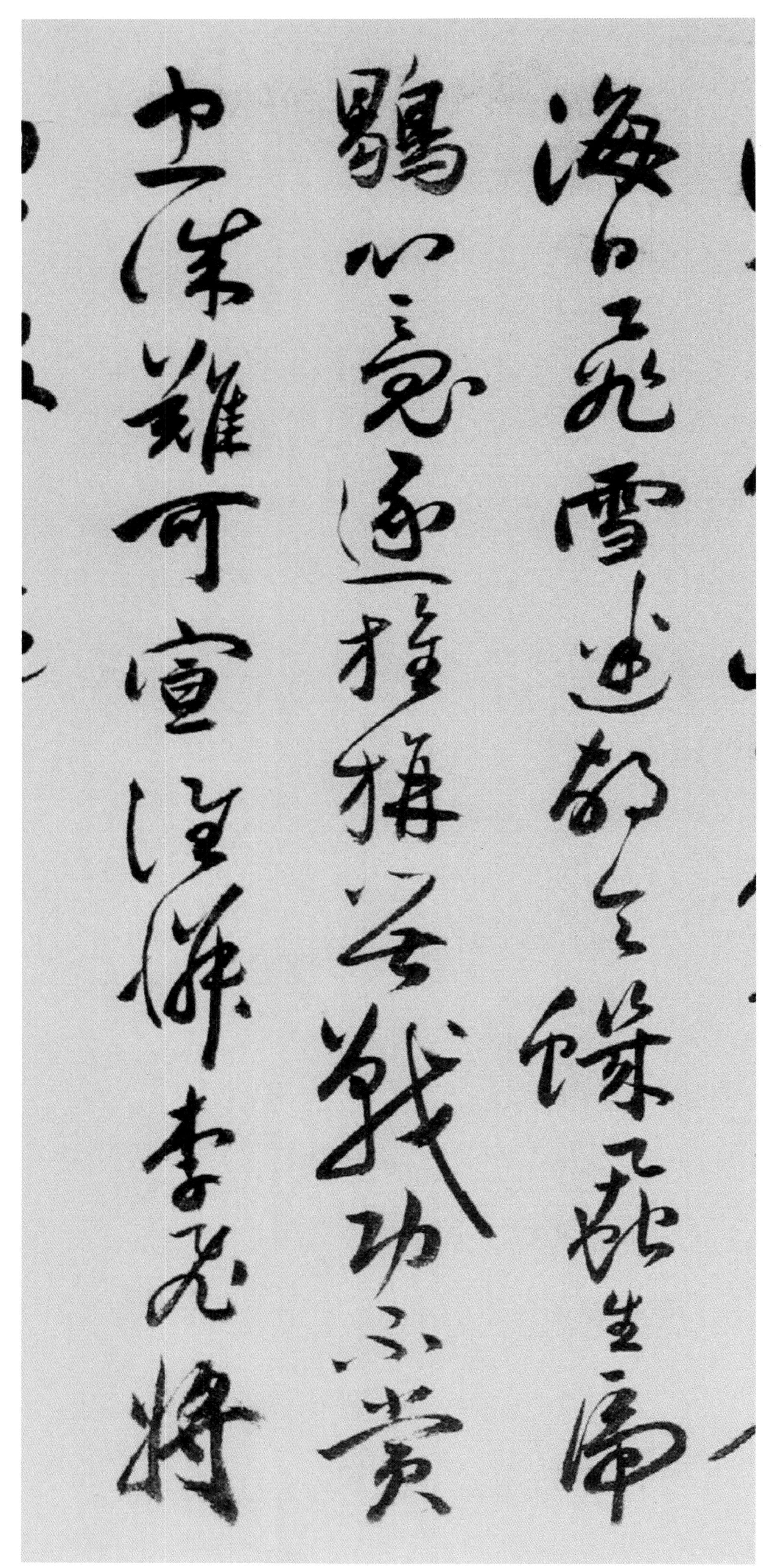

海日。飞雪迷胡天。虮虱生虎鹖。心魂逐旌旃。苦战功不赏。忠诚难可宣。谁怜李飞将。

白首没三边。羽檄如流星。虎符合专城。喧呼救边急。群鸟皆夜鸣。

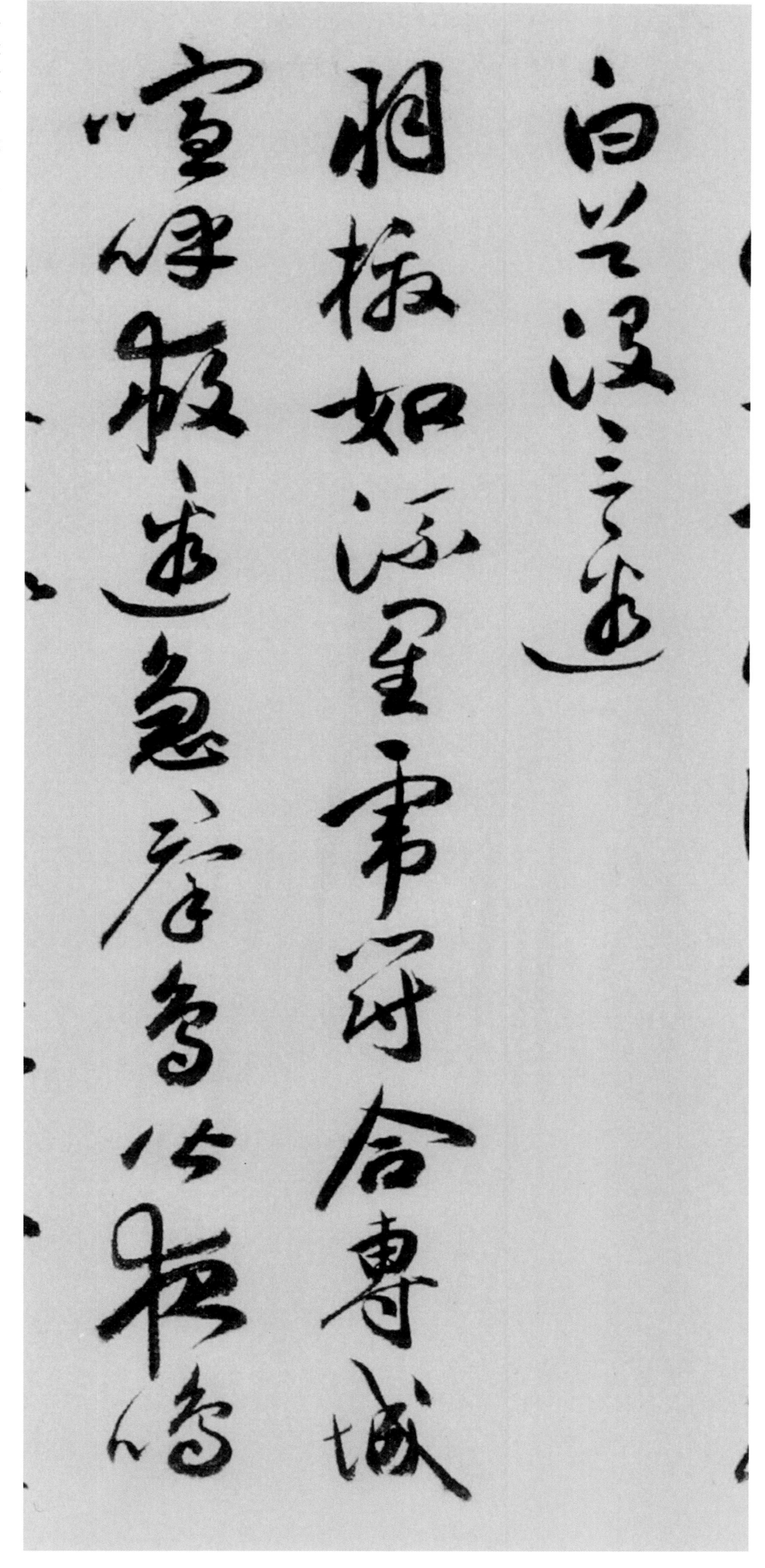

白日曜紫微。三公运权衡。天地皆得一。澹然四海清。借问此何为。答言楚征兵。渡泸

及五月。将赴云南征。恰卒非战士。炎方难远行。长号别严亲。日月惨光晶。泣

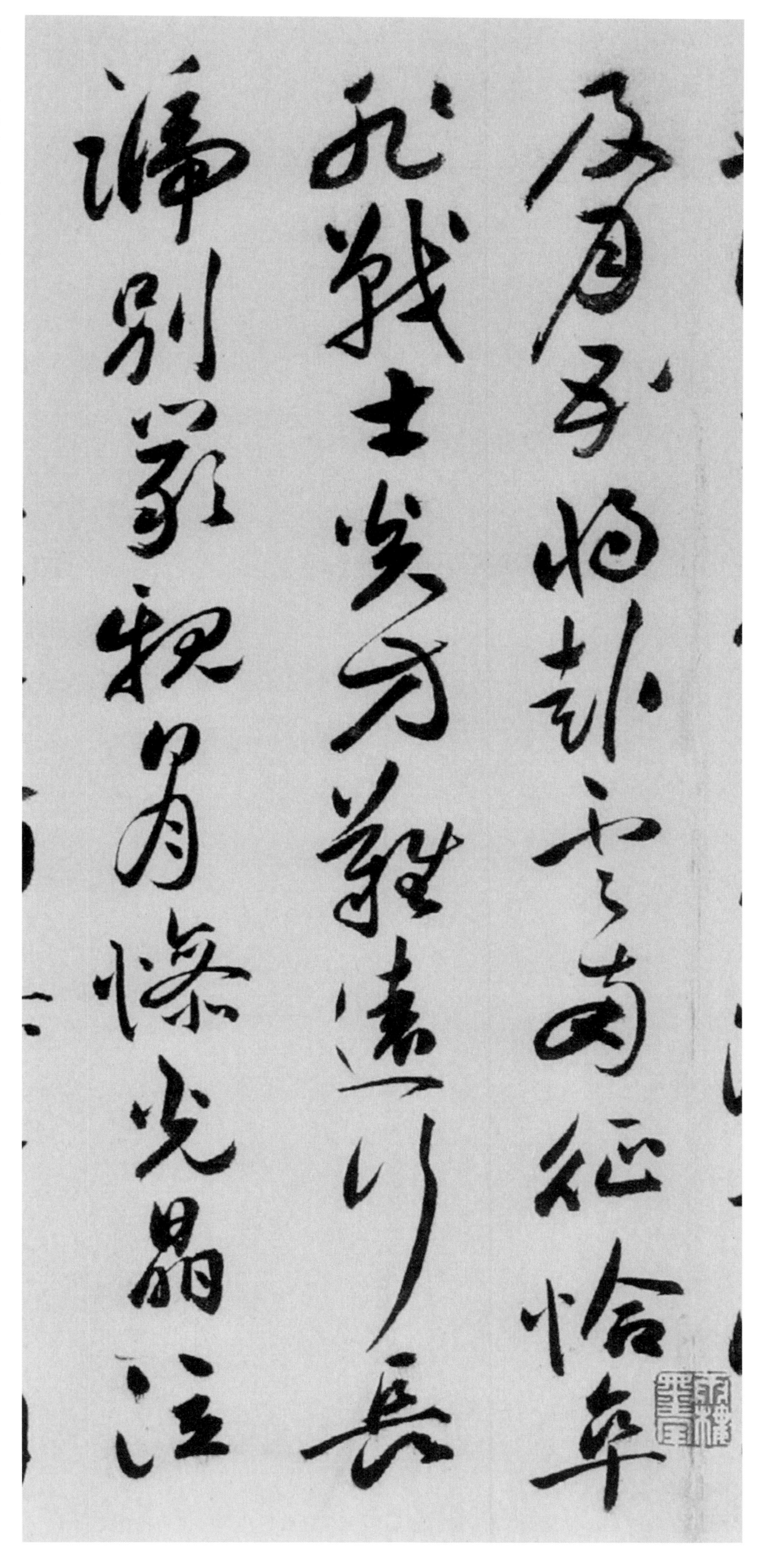

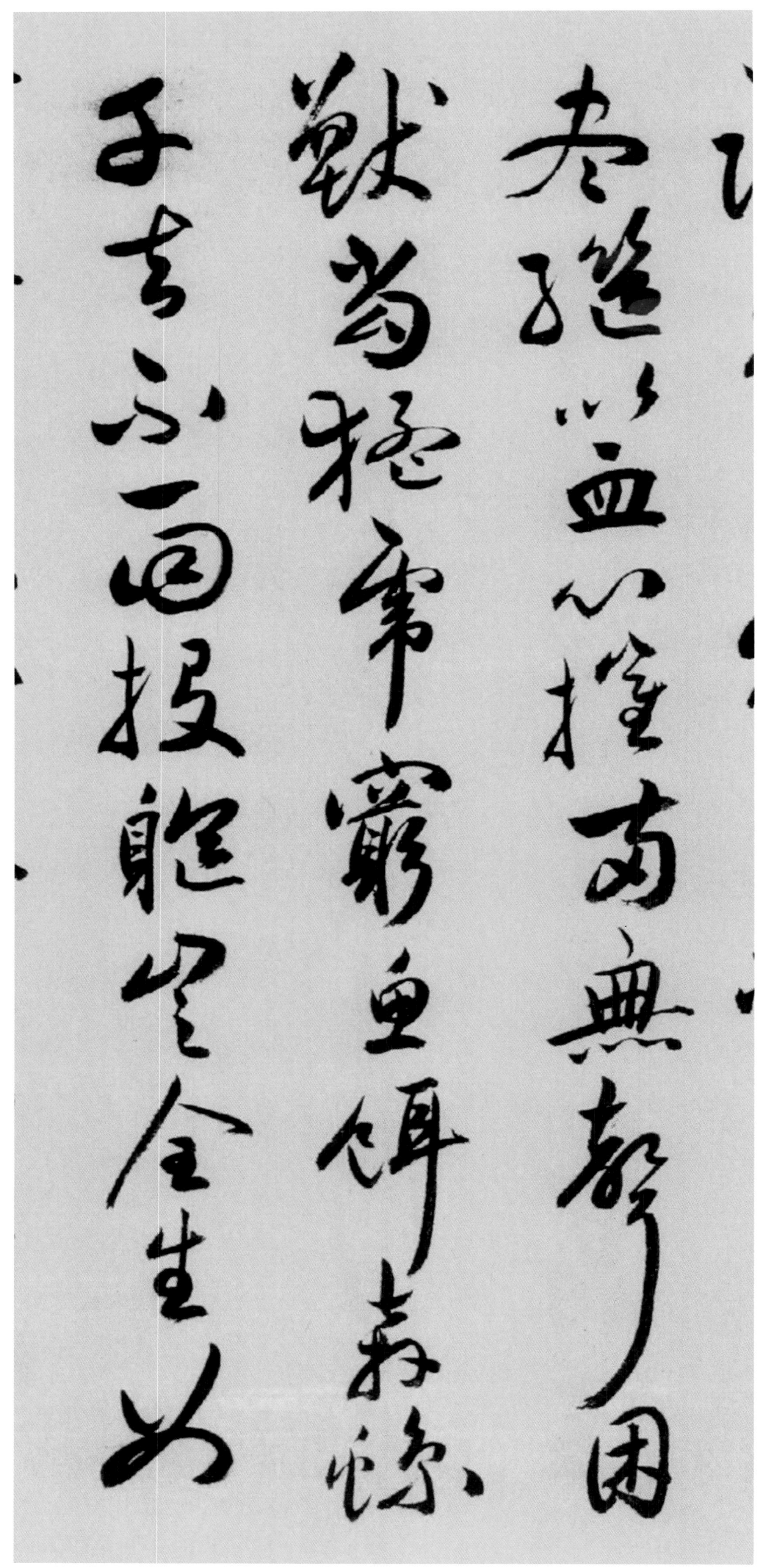

尽继以血。心摧两无声。困兽当猛虎。穷鱼饵奔鲸。千去不一回。投躯岂全生。如

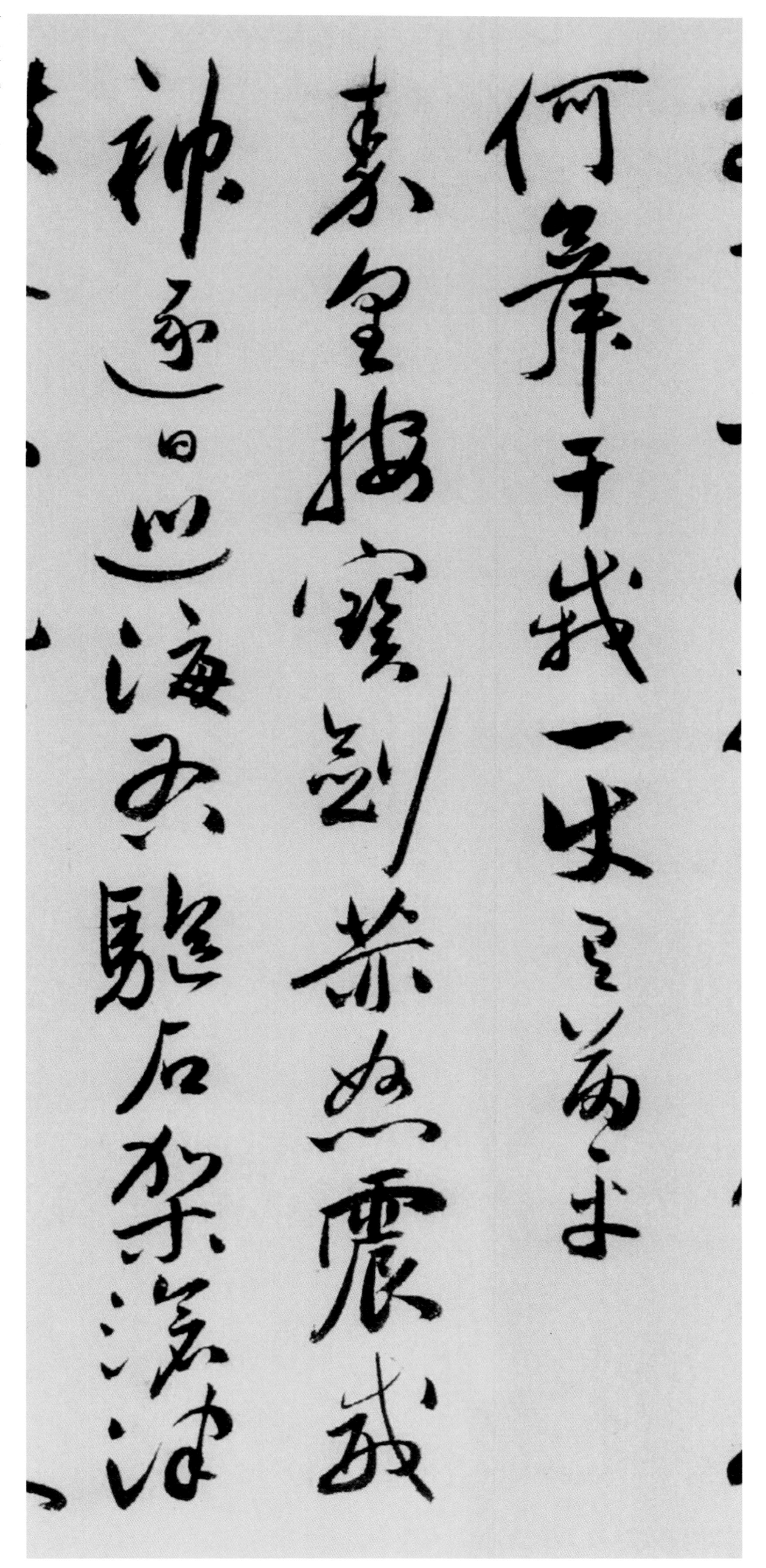

何舞干戚。一使有苗平。秦皇按宝剑。赫怒震威神。逐日巡海右。驱石驾沧津。

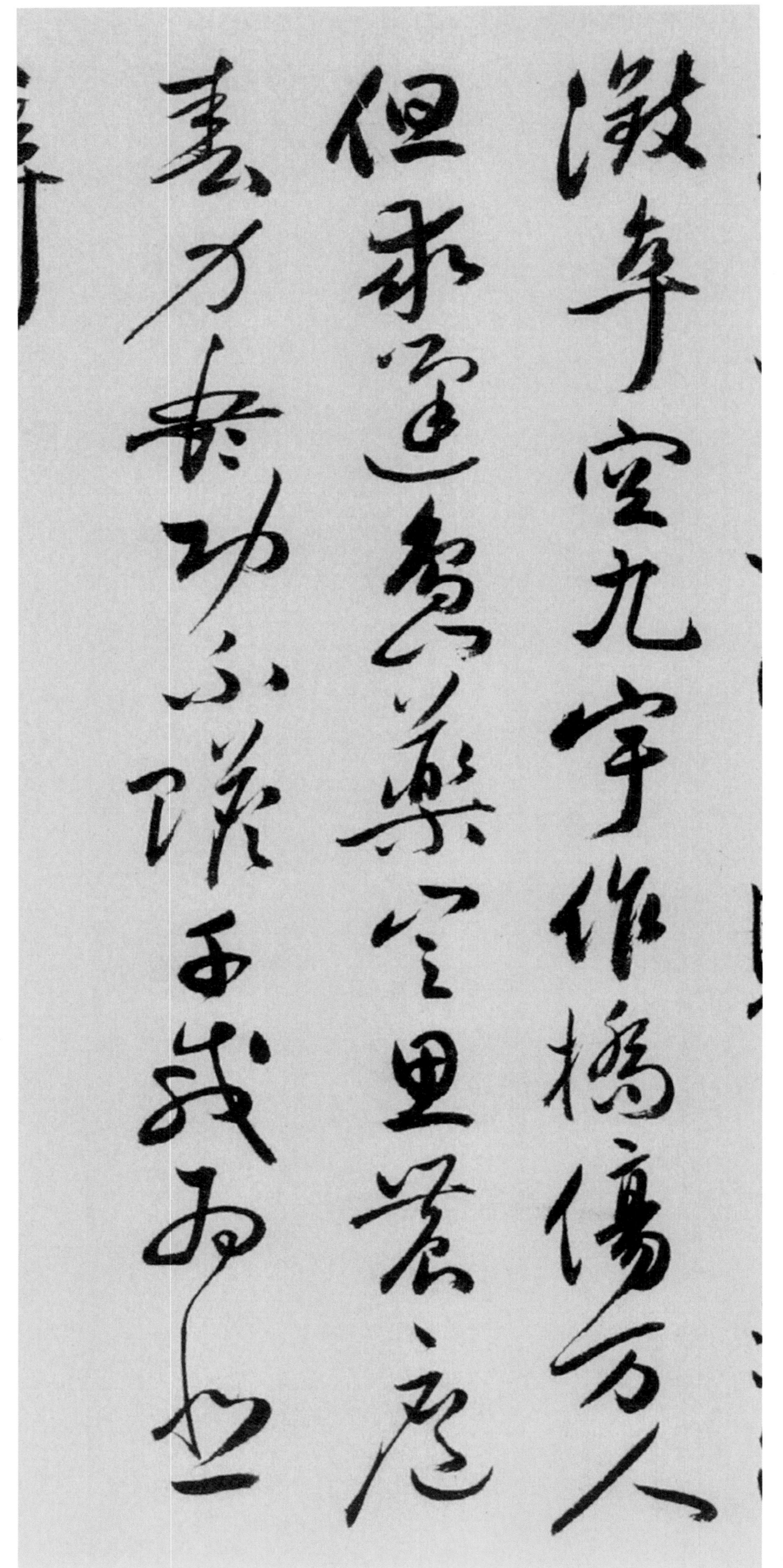

征卒空九字。作桥伤万人。但求蓬岛药。岂思农扈春。力尽功不赡。千载为悲

辛。殷后乱天纪。楚怀亦已昏。夷羊满中野。菉葹盈高门。

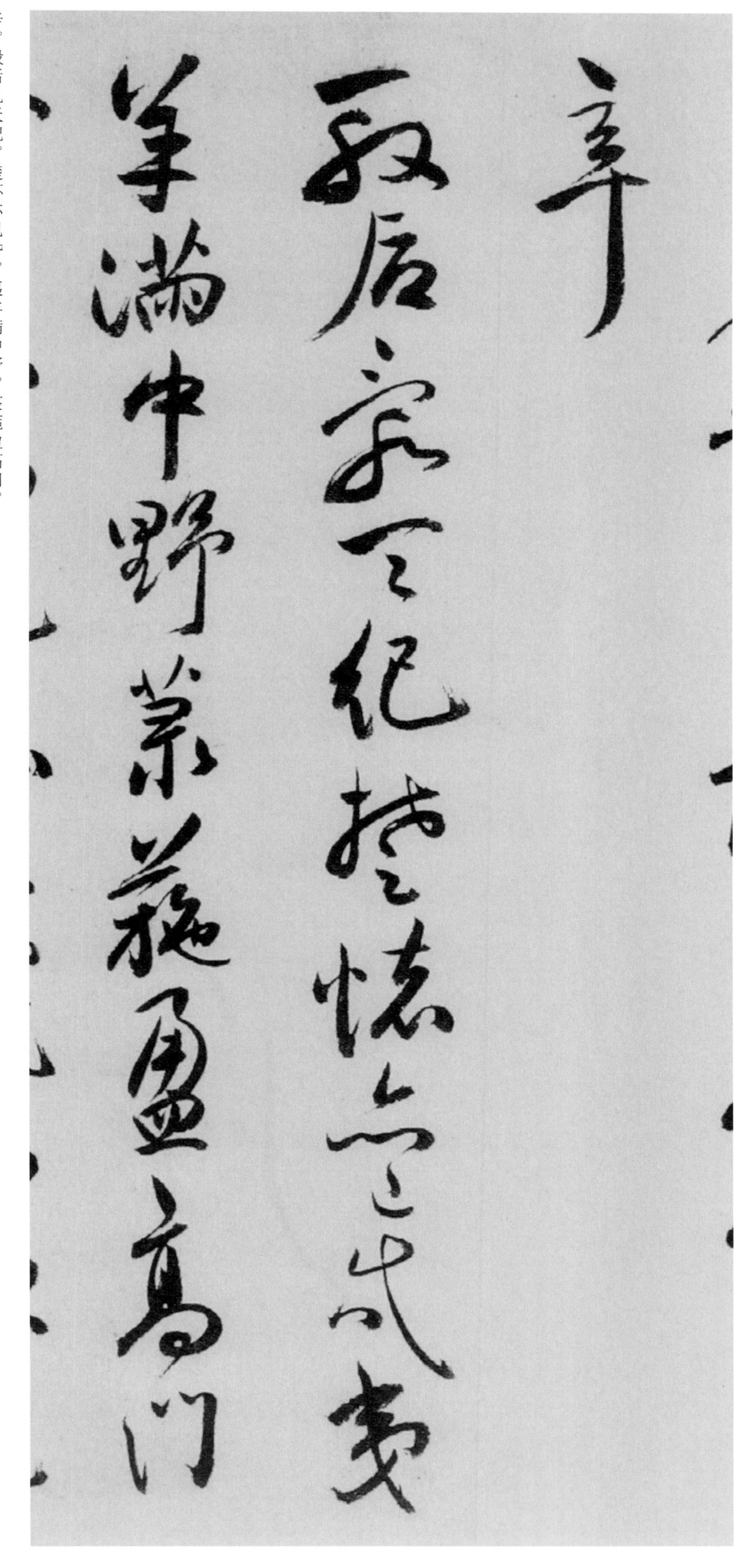

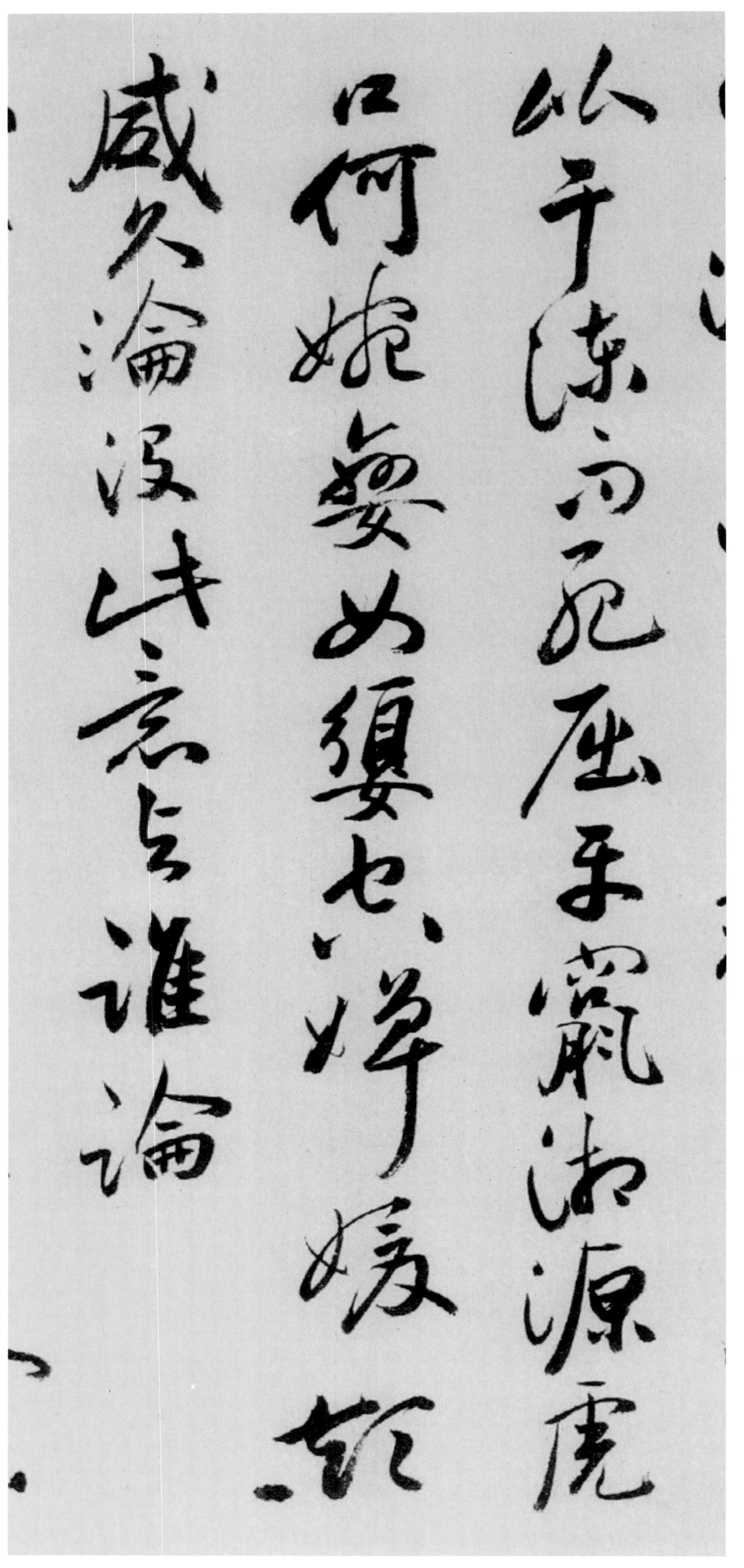

比干谏而死。屈原窜湘源。虎口何婉娈。女婴空婵媛。彭咸久沦没，此意与谁论。

咸阳二三月，宫柳黄金枝。绿帻谁家子。卖珠轻薄儿。日暮醉酒归。白马骄且

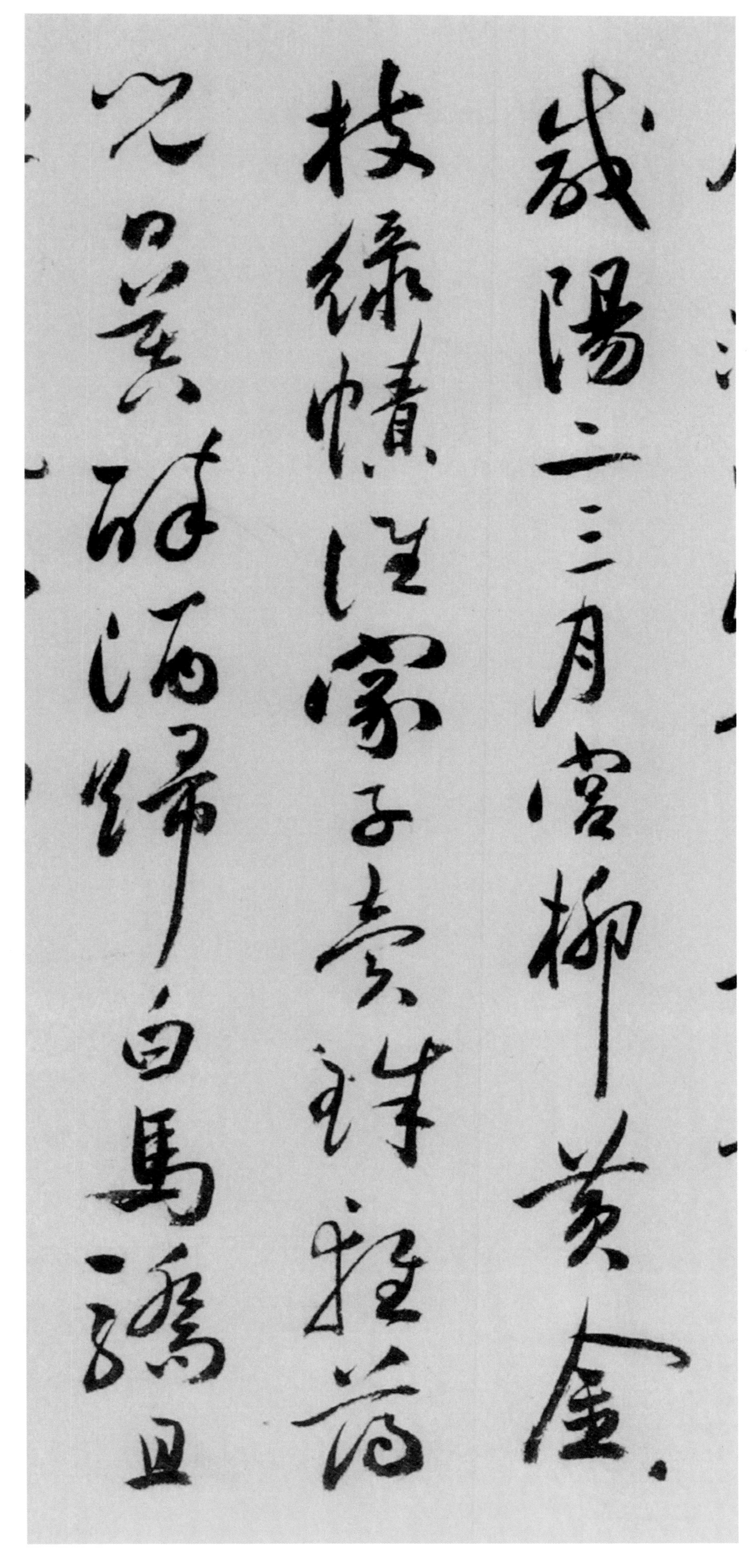

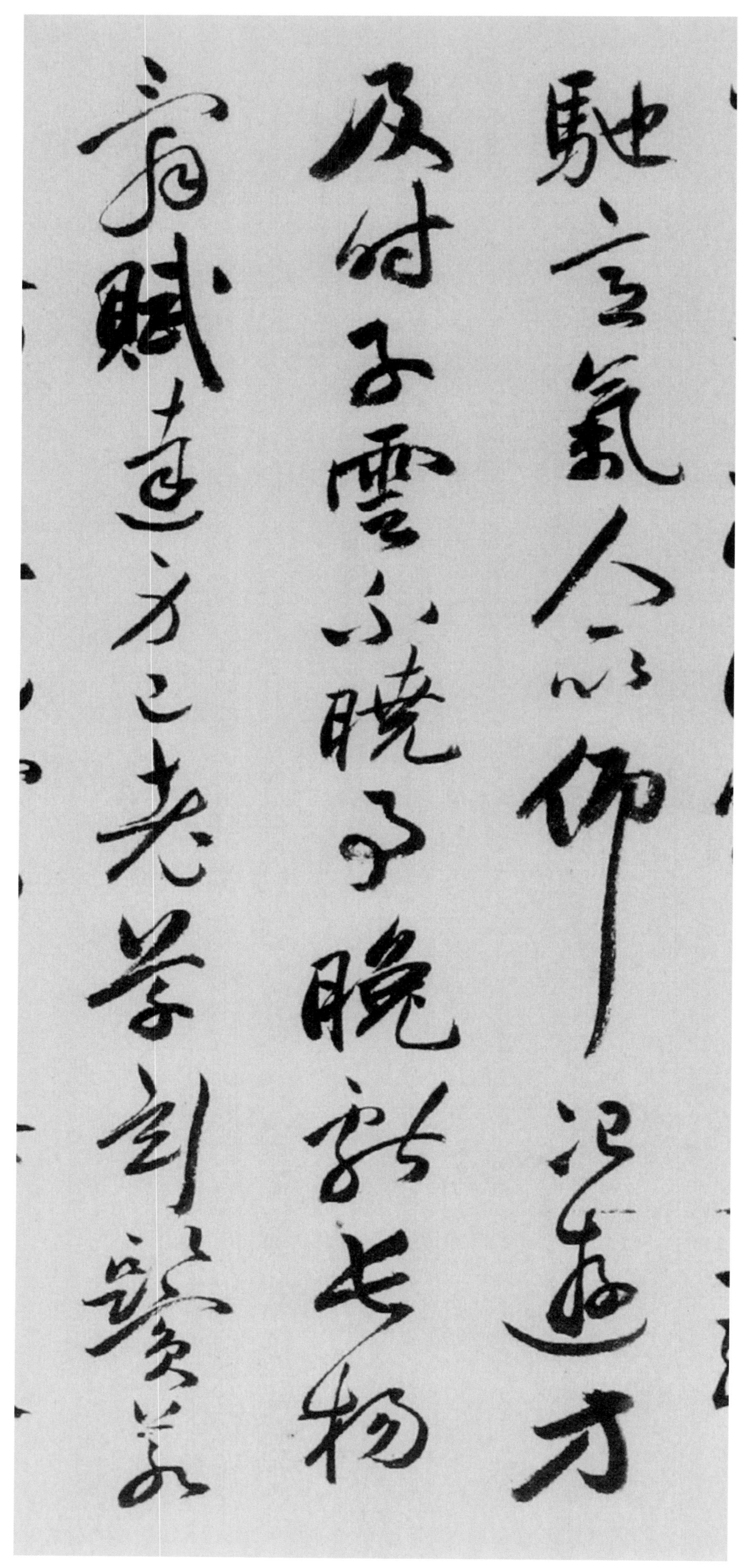

驰。意气人所仰。治游方及时。子云不晓事。晚献长杨辞。赋达身已老。草玄鬓若

丝。投阁良可叹。但为此辈嗤。燕昭延郭隗。遂筑黄金台。剧辛方赵至。邹衍复

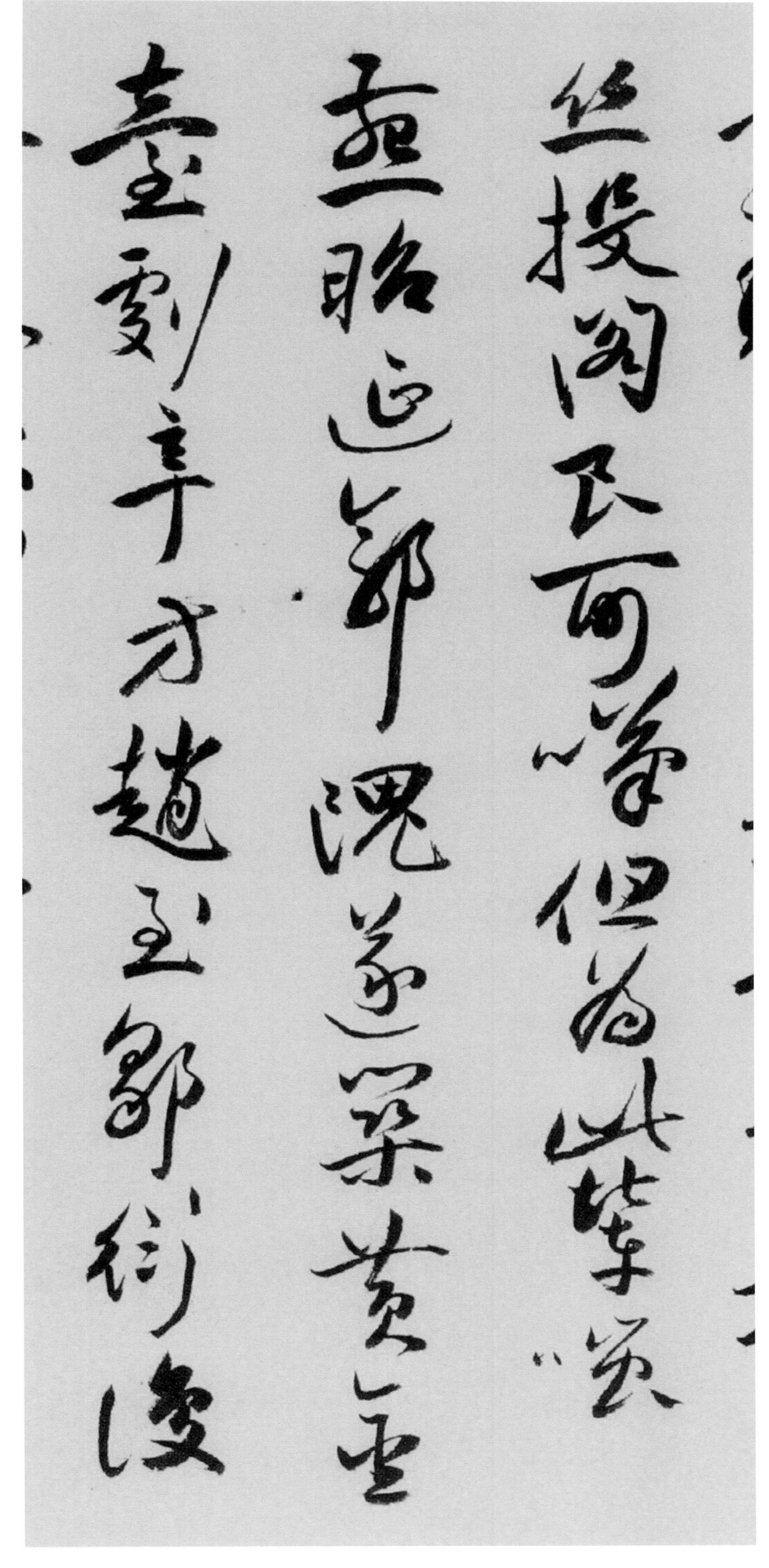

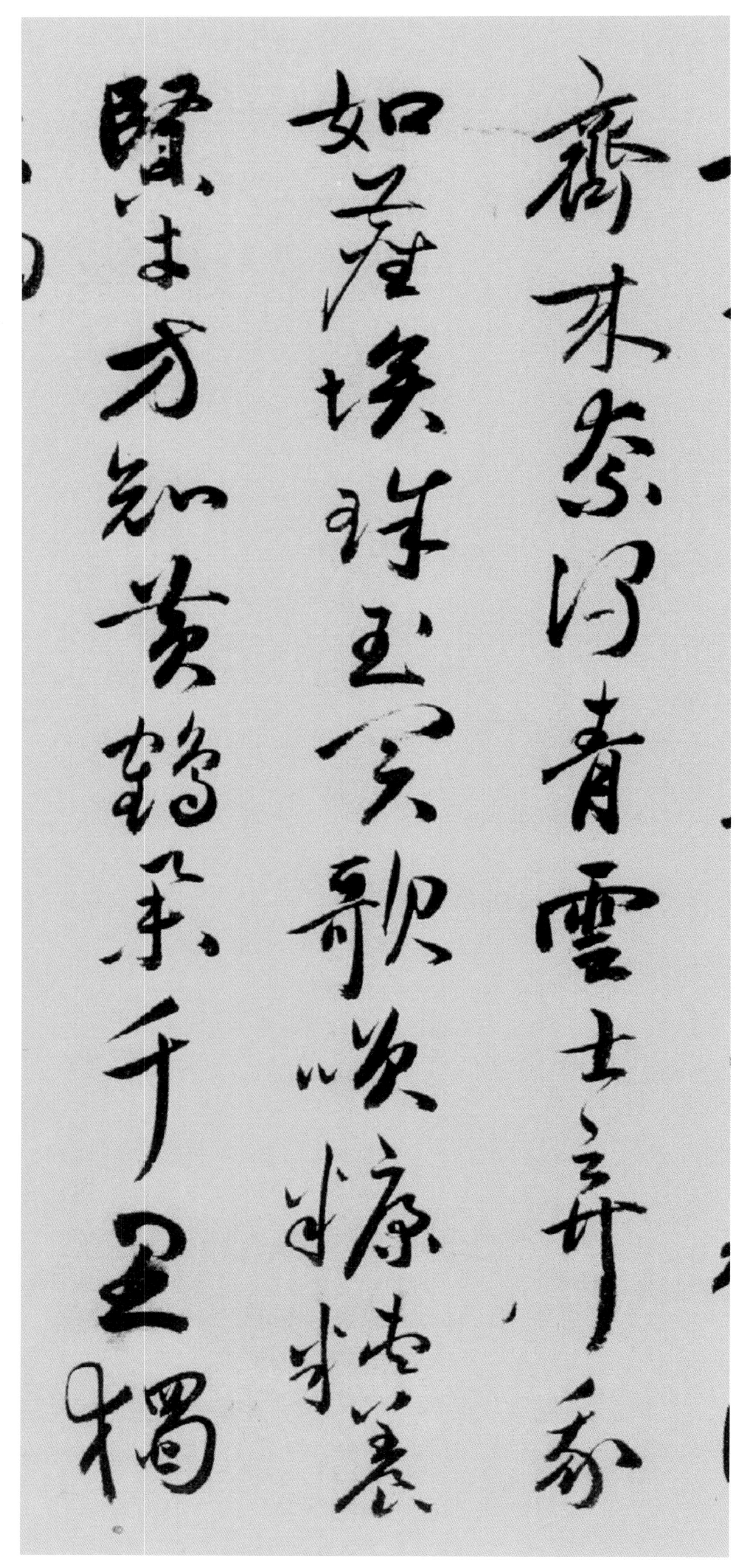

齐来。奈何青云士。弃我如尘埃。珠玉买歌笑。糟糠养贤才。方知黄鹤举。千里独

徘徊。郢客吟白雪。遗响飞青天。徒劳歌此曲。举世为谁

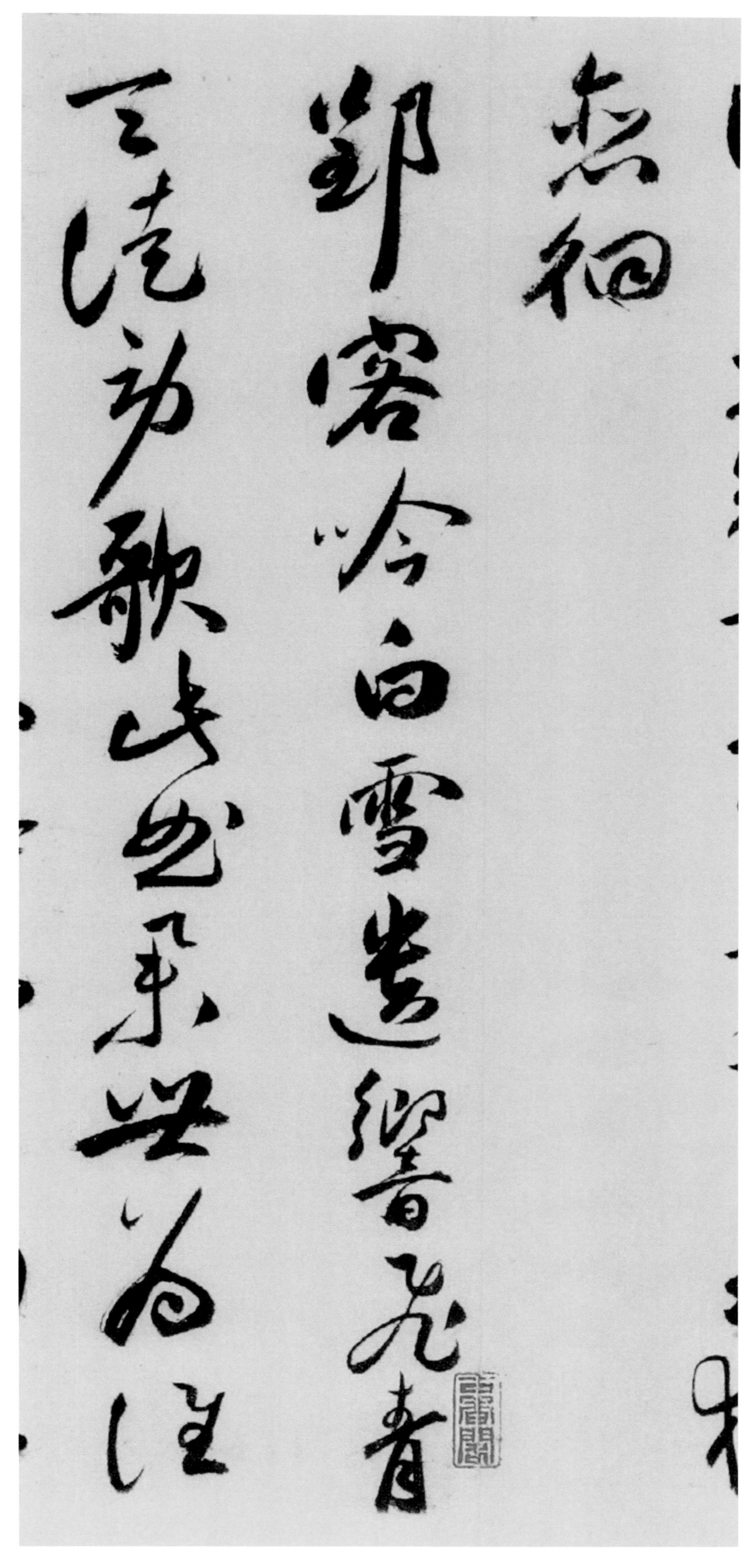

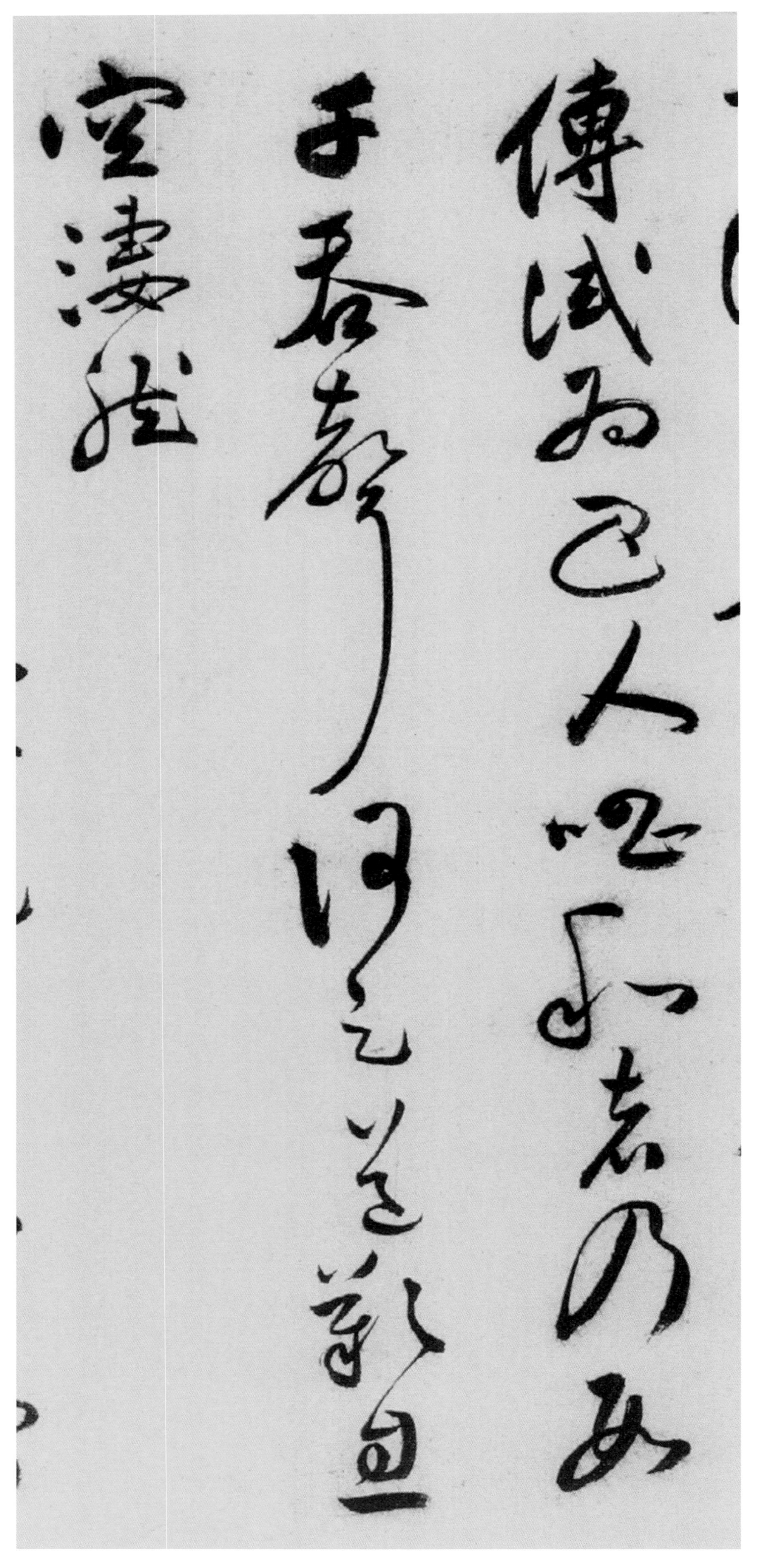

传。试为巴人唱。和者乃数千。吞声何足道。叹息空凄然。

越客采明珠。提携出南隅。清辉照海月。美价倾皇都。献君君按剑。怀宝空长

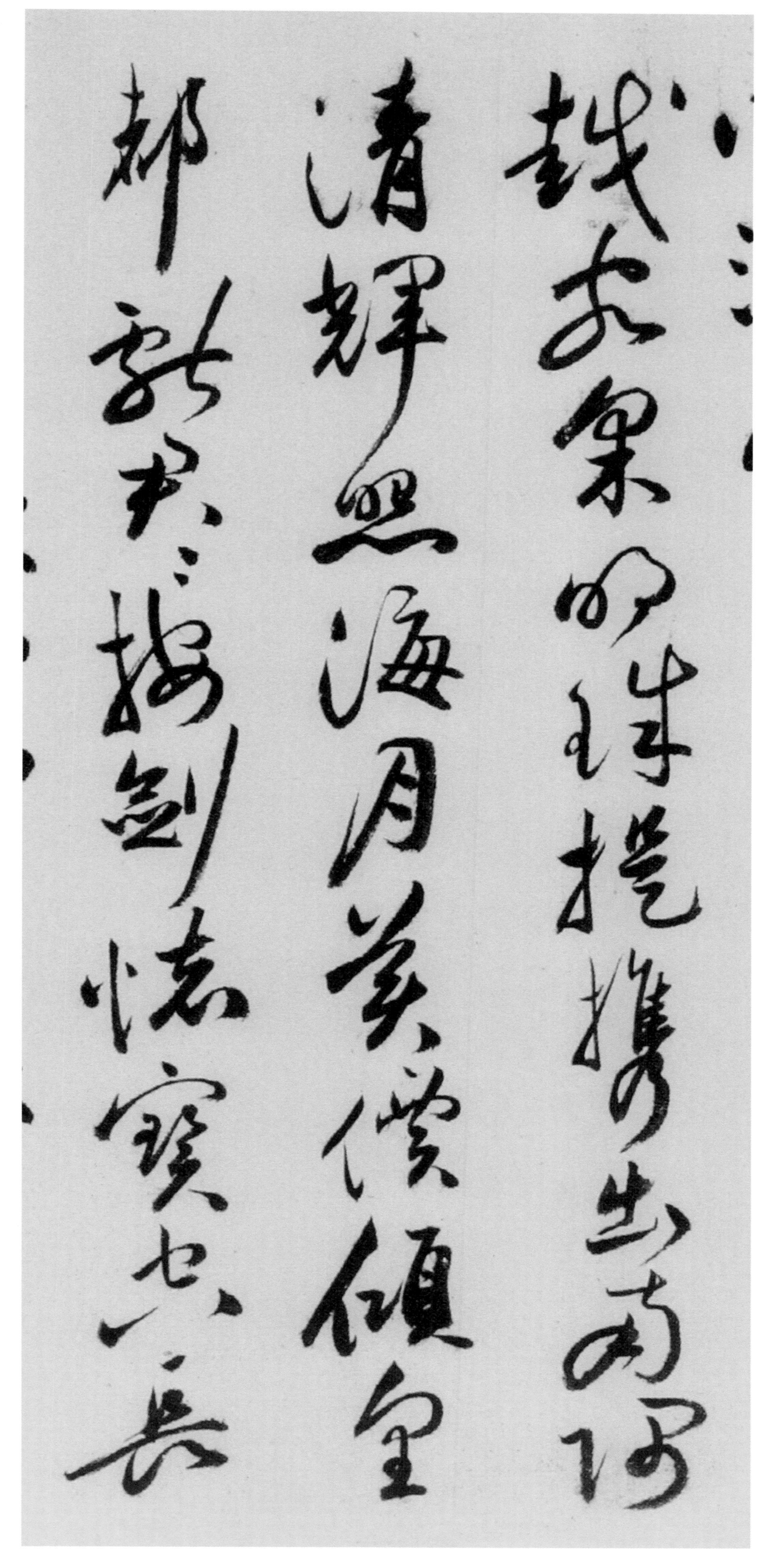

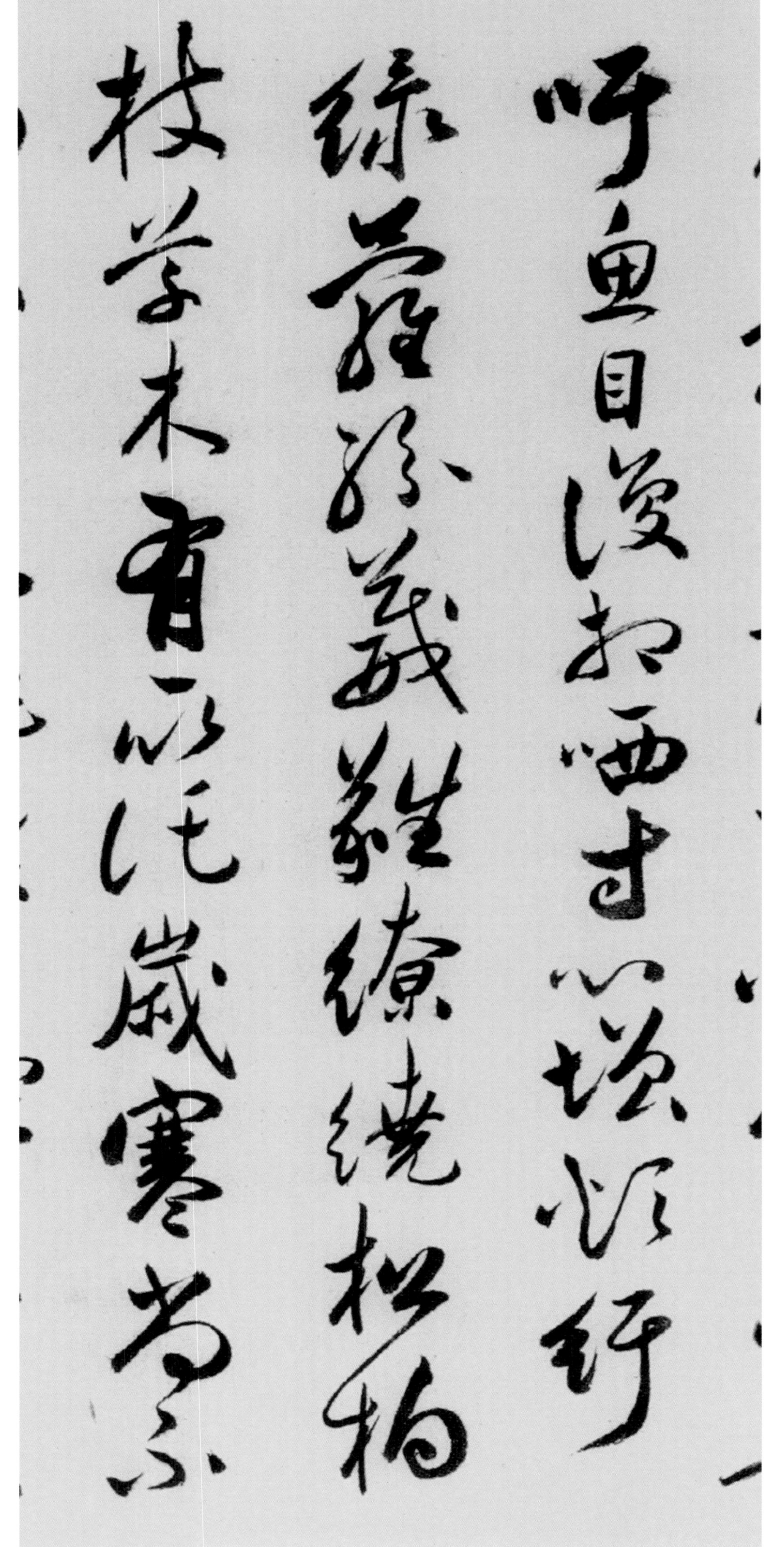

吁。鱼目复相哂。寸心增烦纡。绿萝纷葳蕤。缭绕松柏枝。草木有所托。岁寒尚不

移。奈何天桃色。坐叹葑菲诗。玉颜艳红粉。云发非素丝。君子恩已毕。贱妾将何

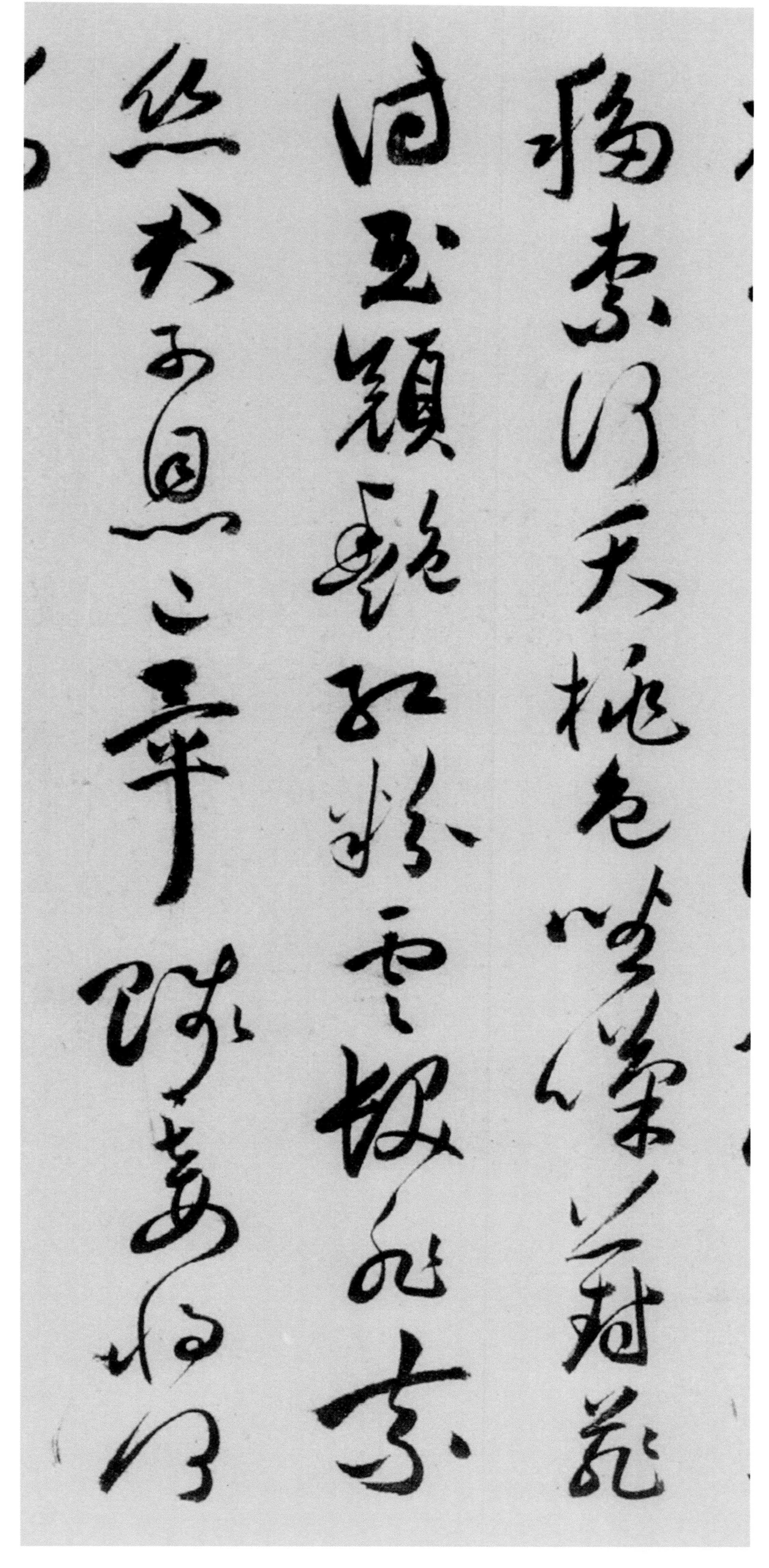

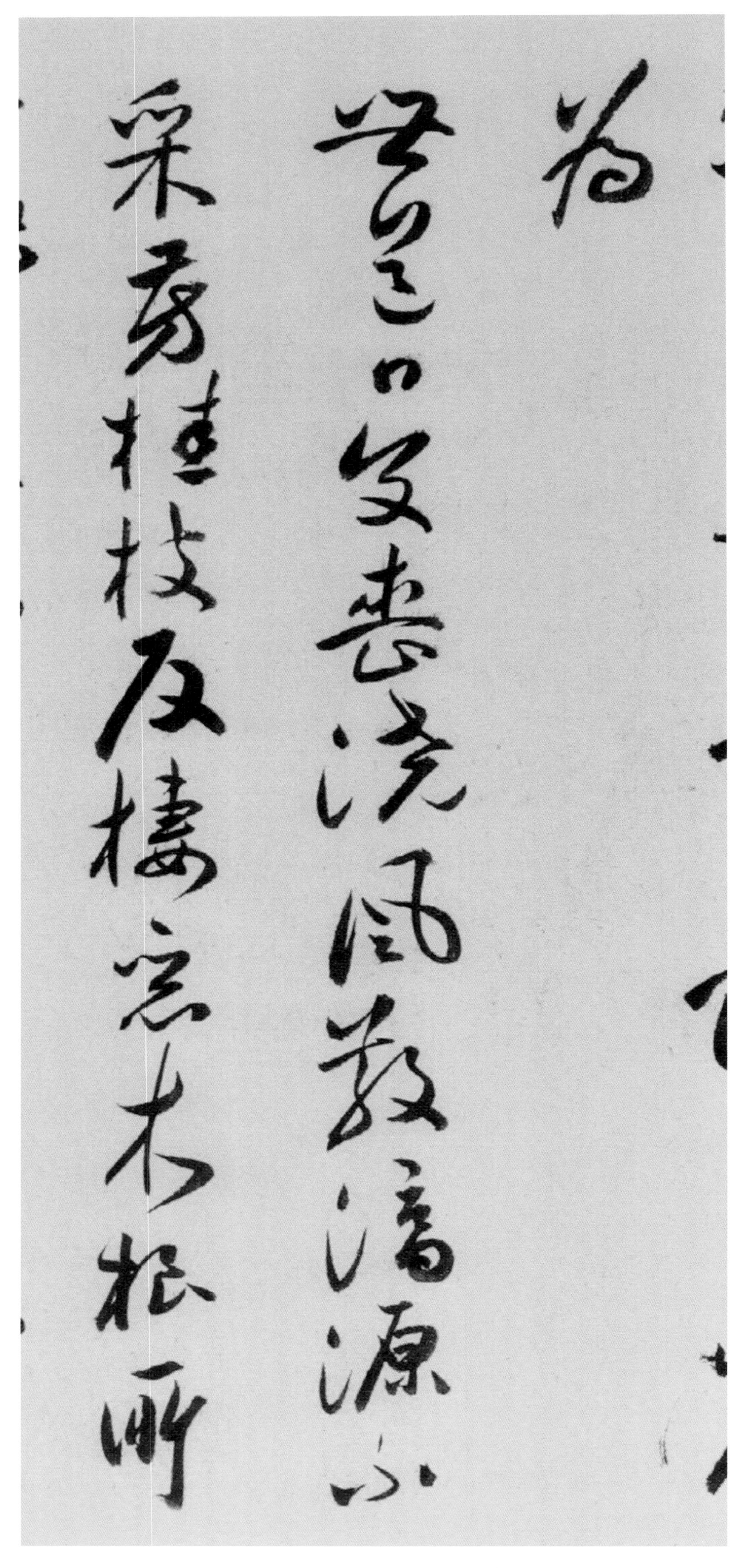

为。世道日交丧。浇风散淳源。不采芳桂枝。反栖恶木根。所

以桃李树。吐花竟不言。大运有兴没。群动争飞奔。归来广成子。去入无穷门。

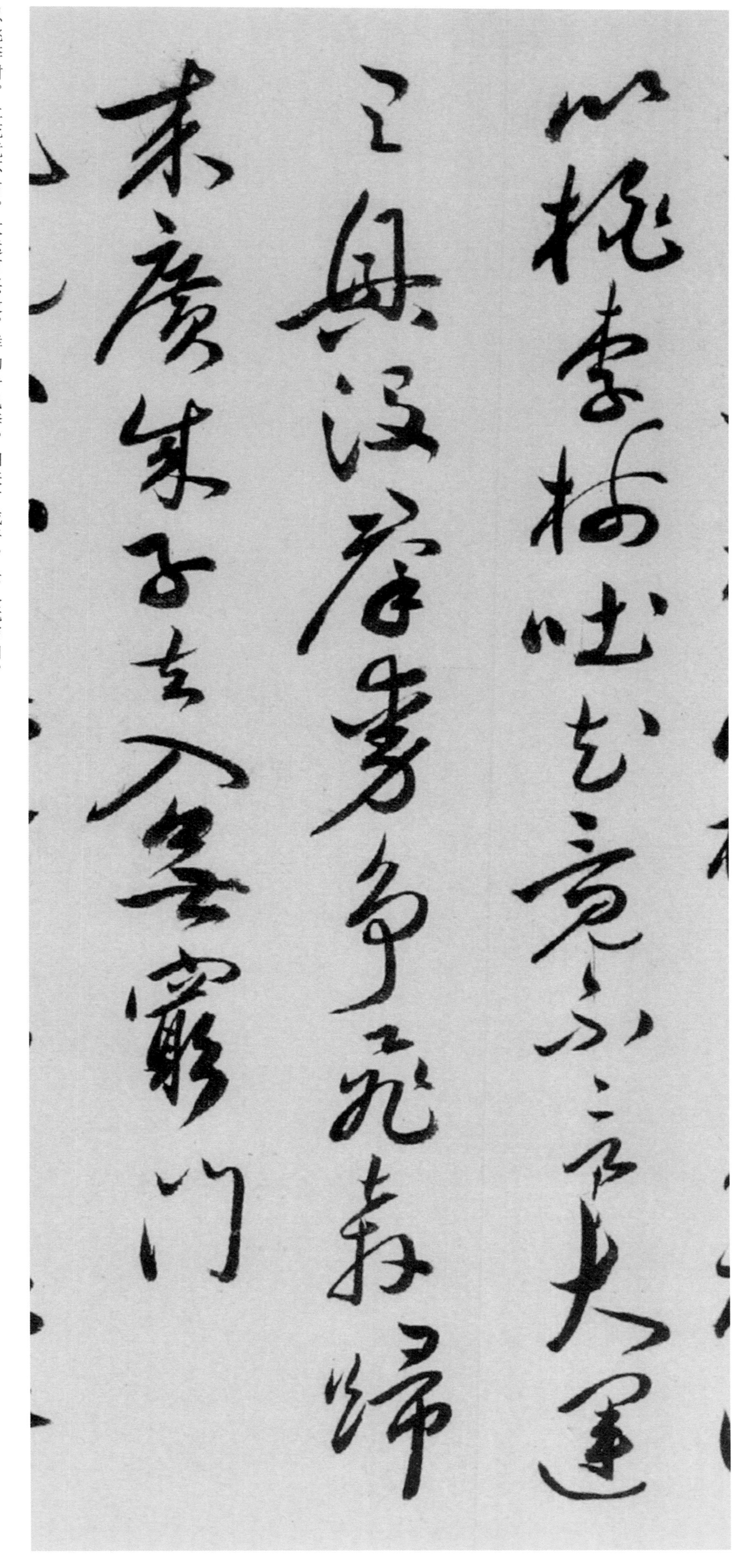

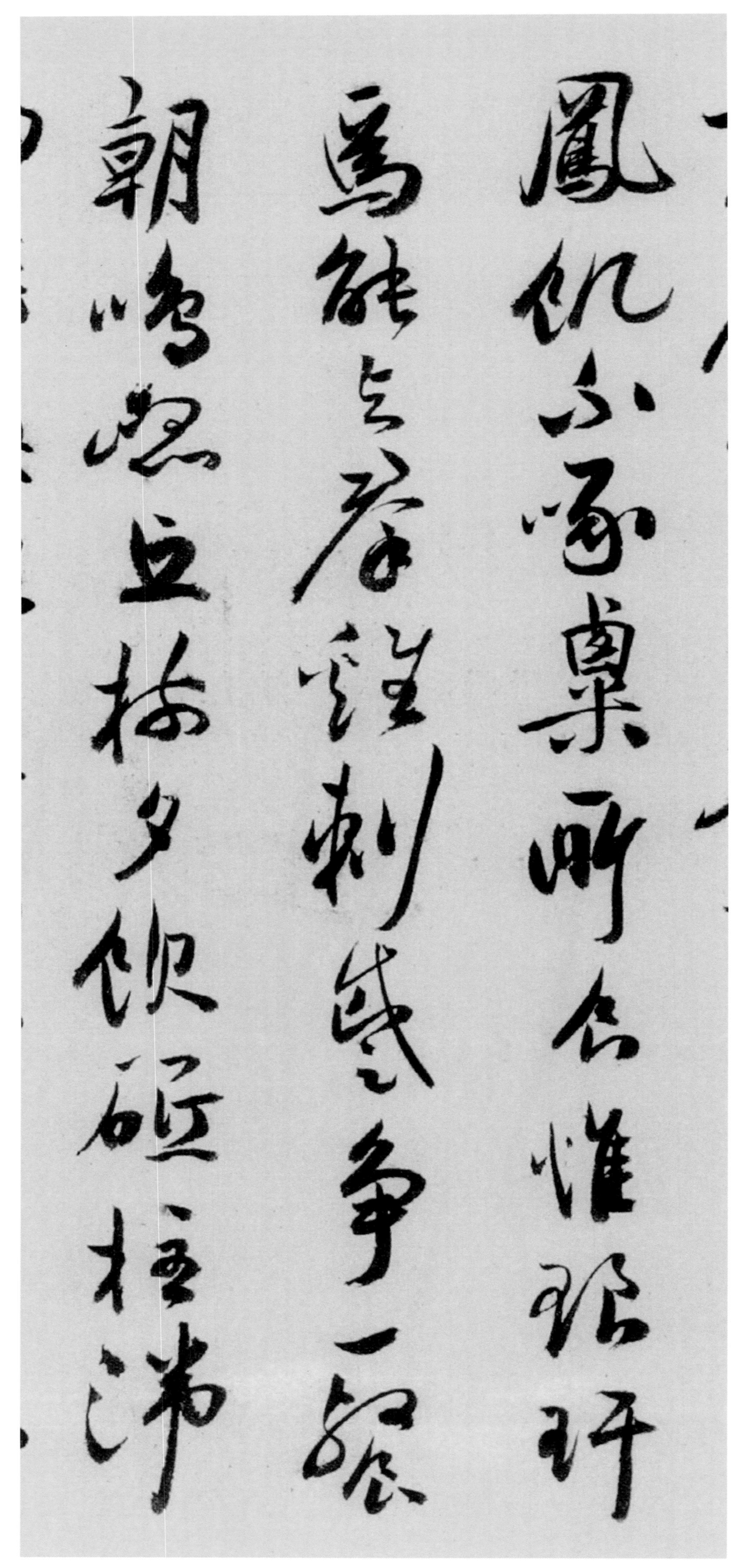

凤饥不啄粟。所食唯琅玕。焉能与群鸡。刺蹙争一餐。朝鸣崐丘树。夕饮砥柱湍。

归飞海路远。独宿天霜寒。幸遇王子晋。结交青云端。怀恩未得报。感别空长叹。

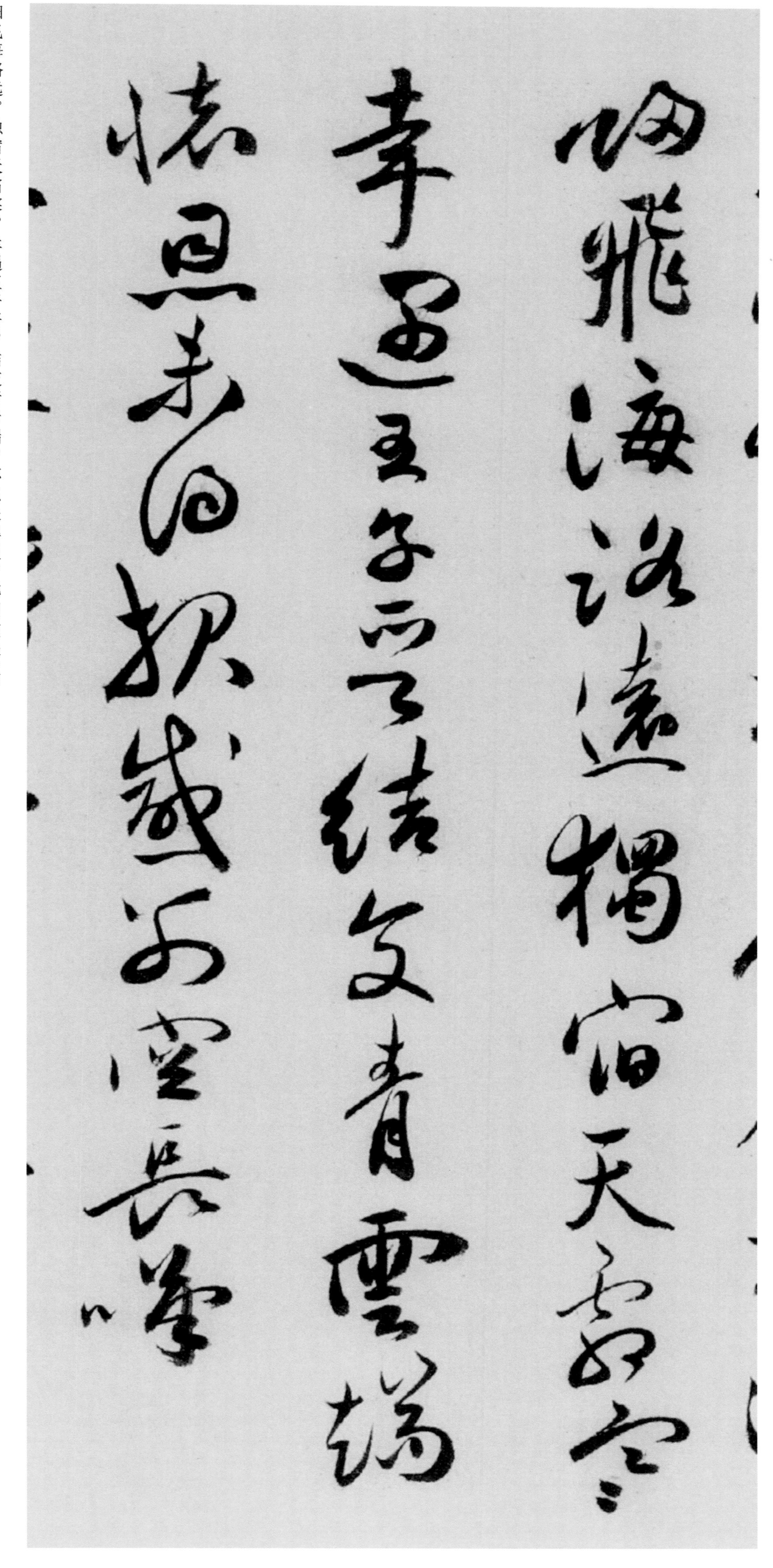

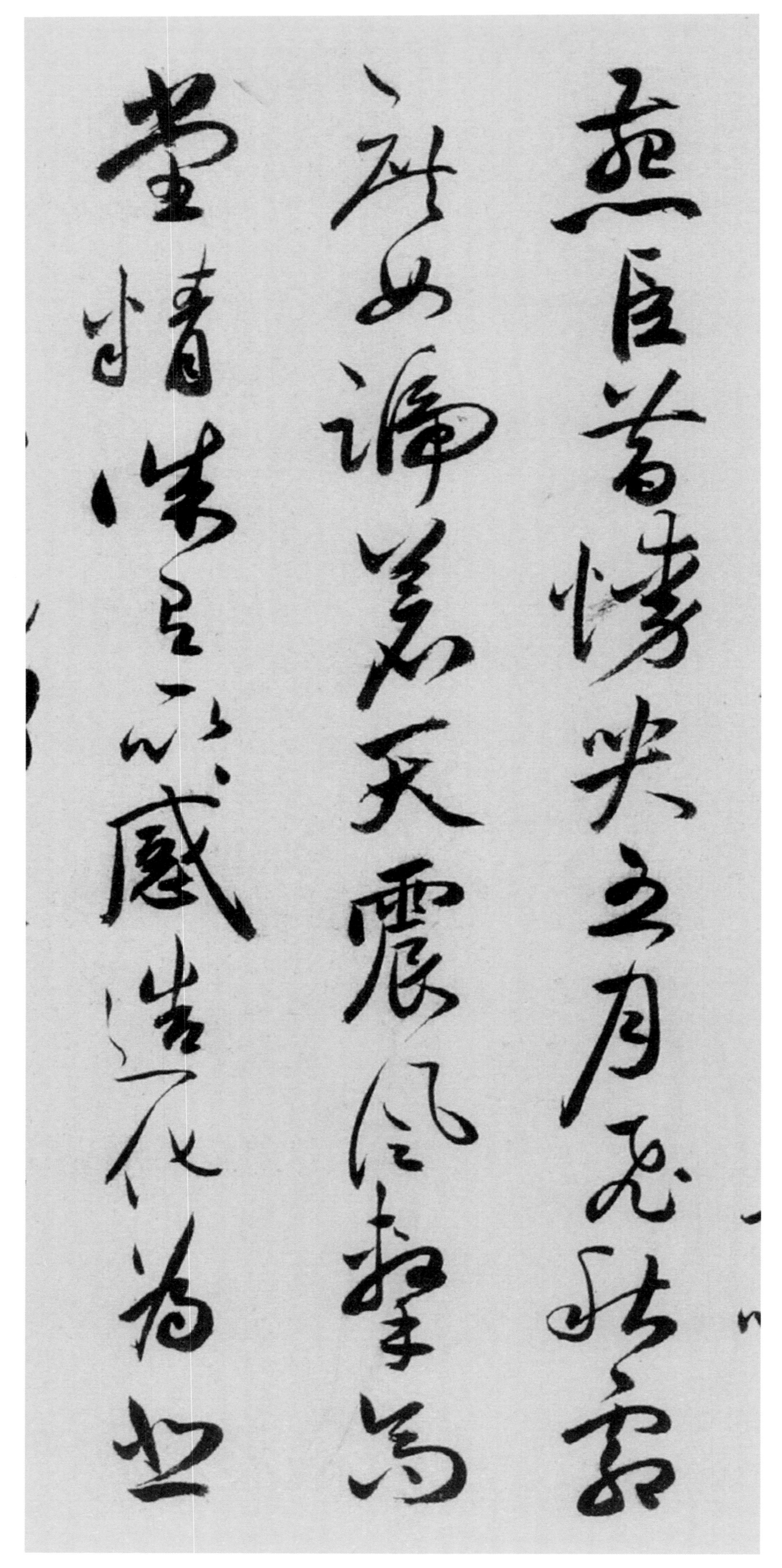

燕臣昔恸哭。五月飞秋霜。庶女号苍天。震风击齐堂。精诚有所感。造化为悲

伤。而我竟何辜。远身金殿傍。浮云蔽紫闼。白日难回光。群沙秽明珠。众草凌

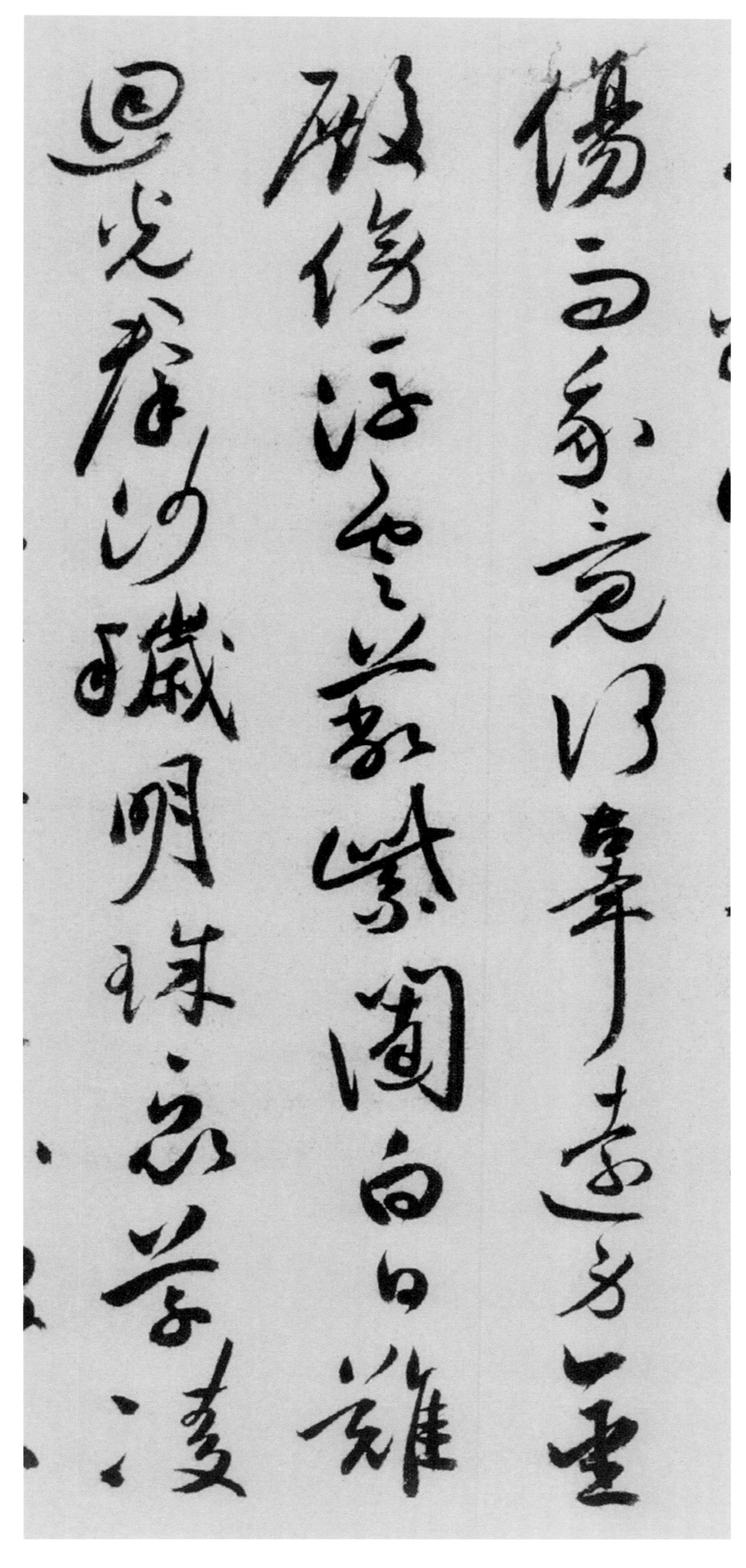

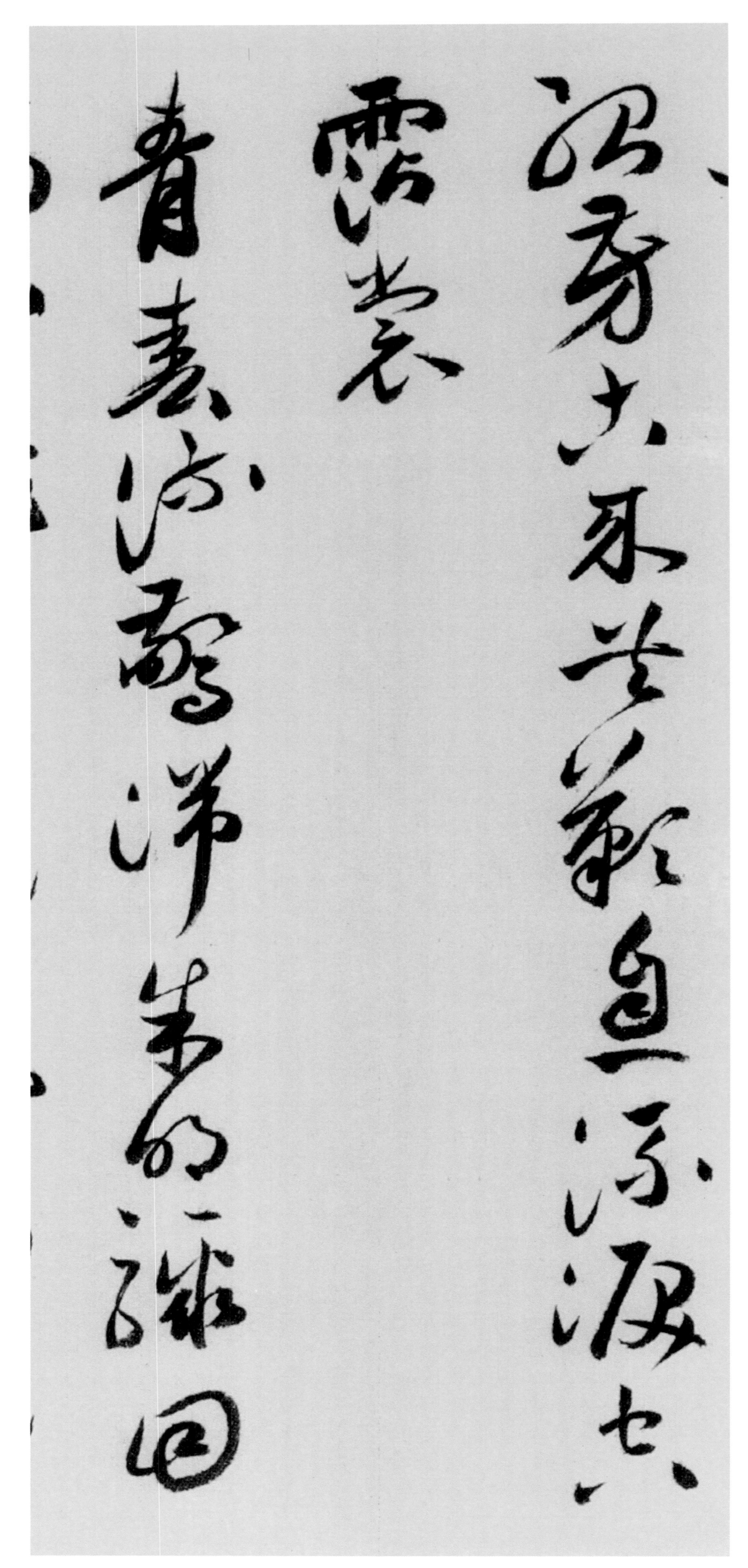

孤芳。古来共叹息，流泪空沾裳。青春流惊湍。朱明骤回

薄。不忍看秋蓬。飘扬竟何托。光风灭兰蕙。白露洒葵藿。美人不我期。草

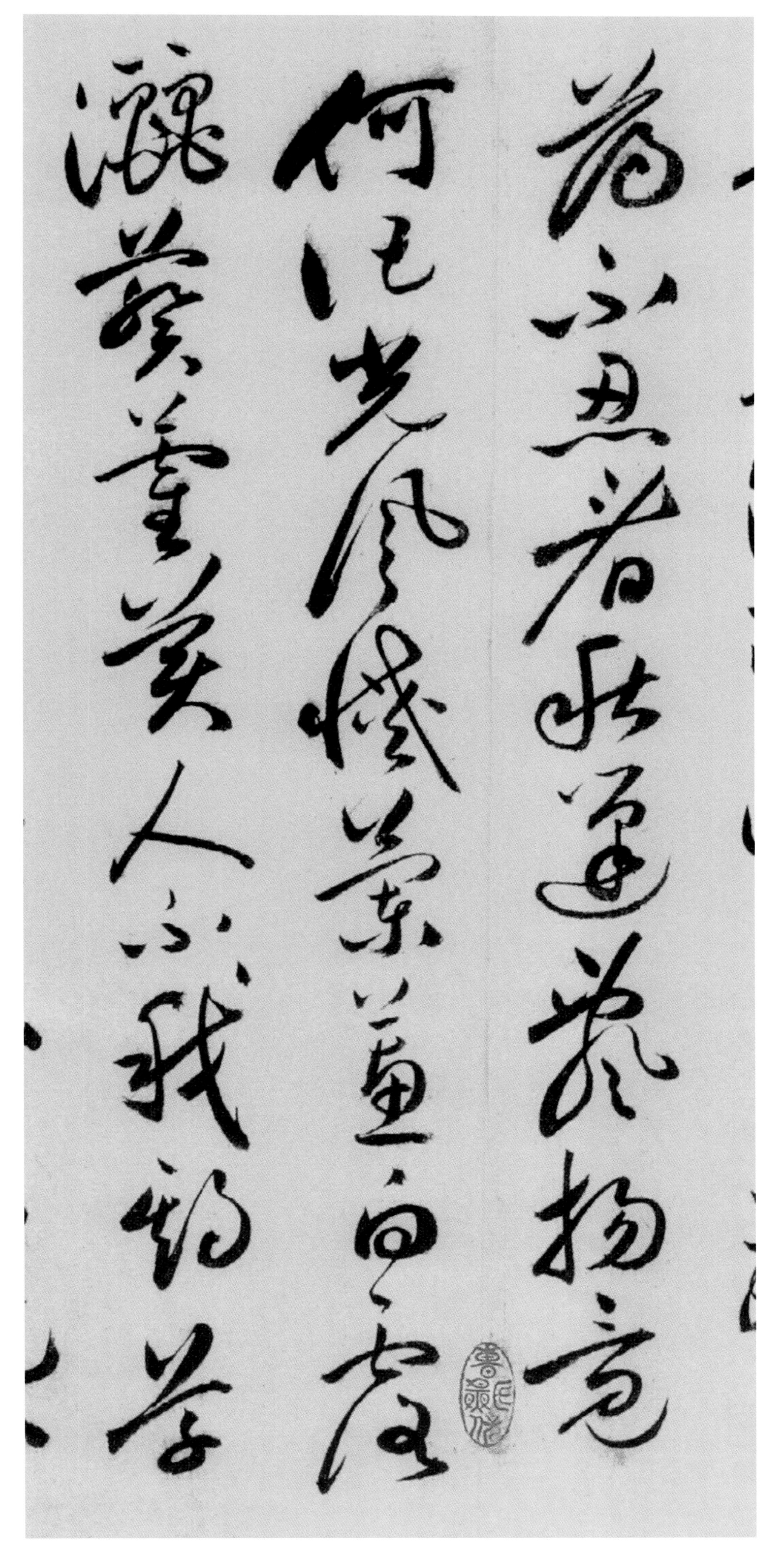

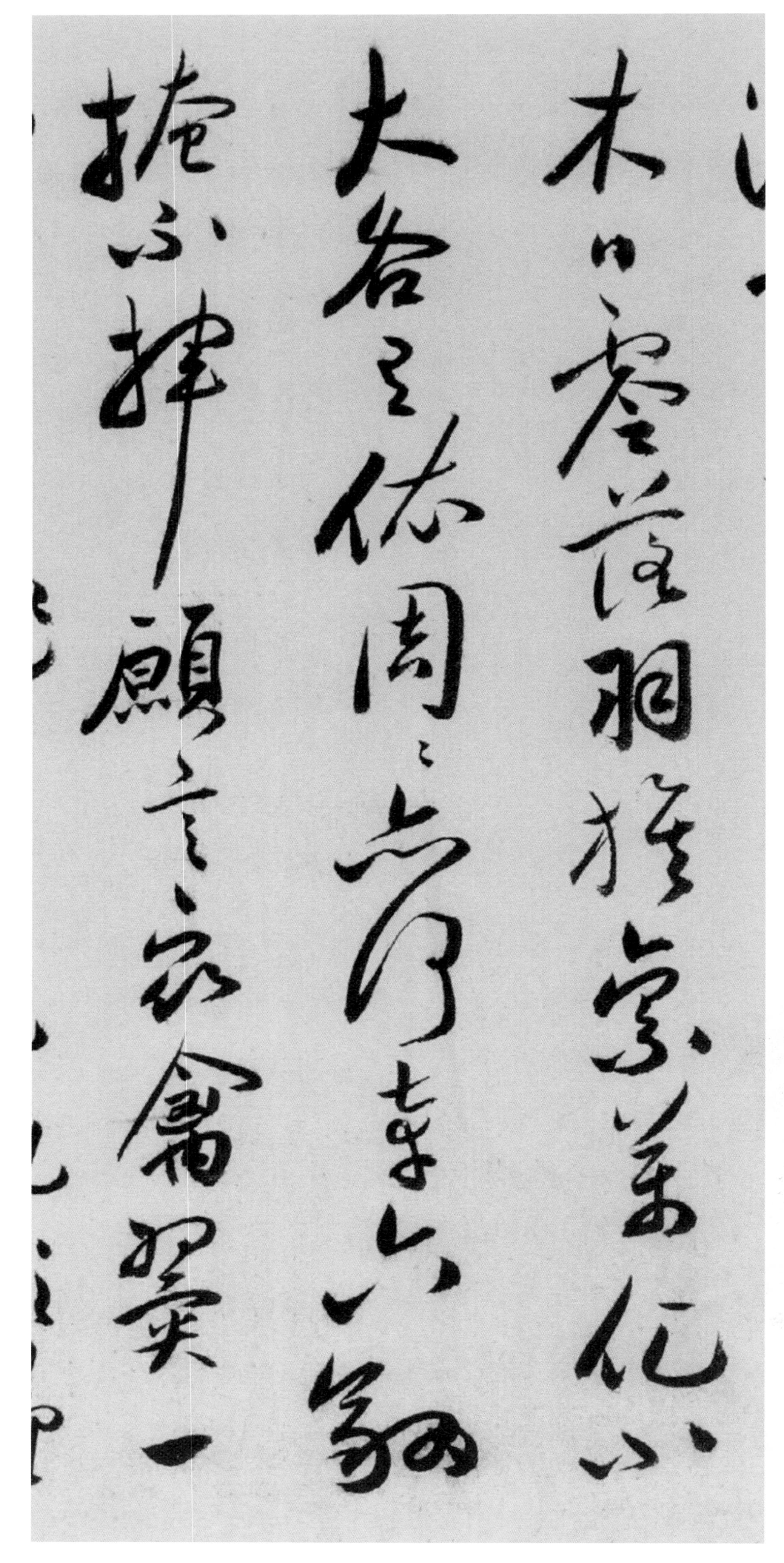

木日零落。羽族禀万化。小大各有依。周周亦何辜。六翮掩不挥。愿言众禽翼。一

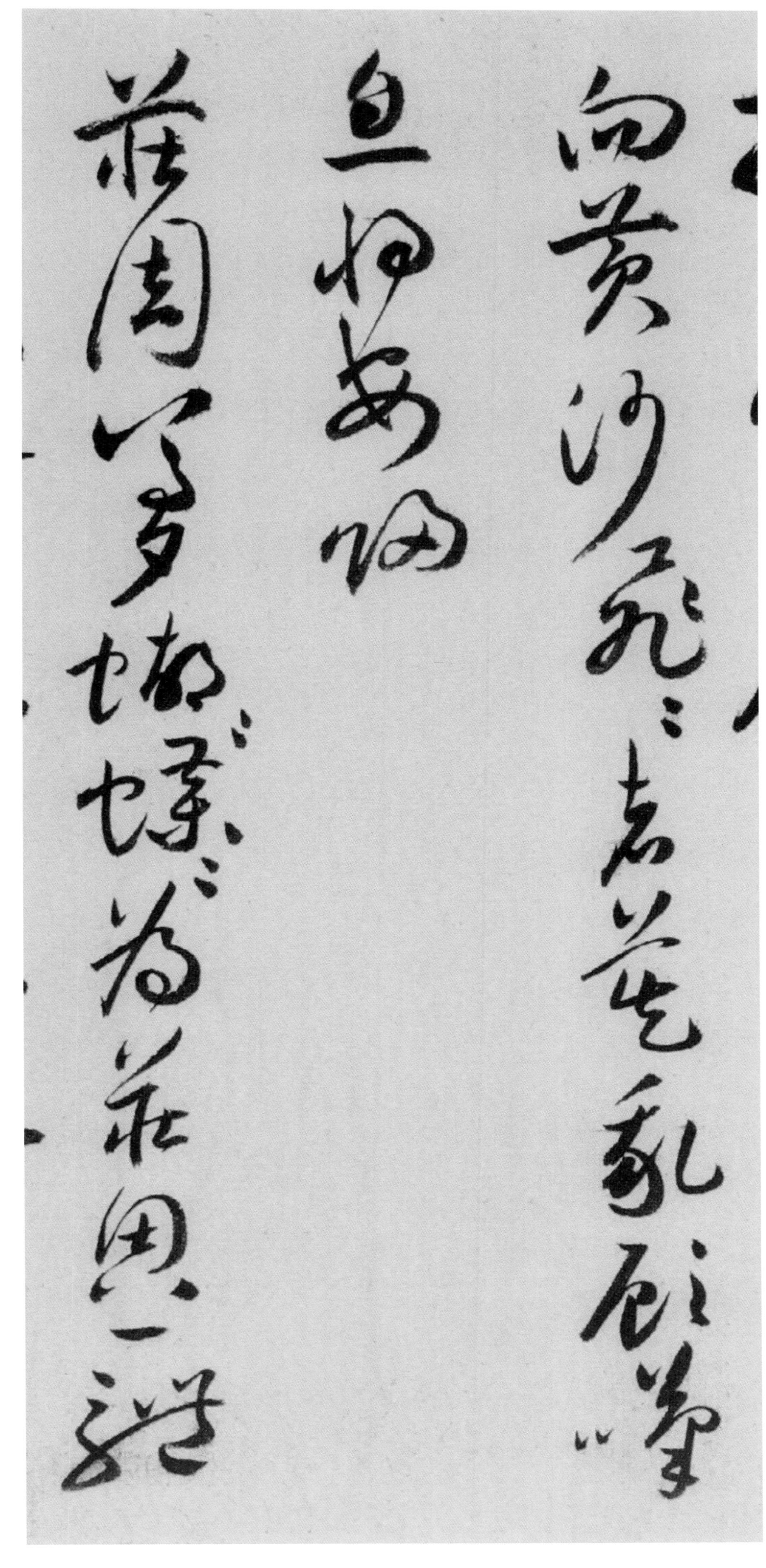

向黄河飞。飞者莫我顾。叹息将安归。庄周梦蝴蝶。蝴蝶为庄周。一体

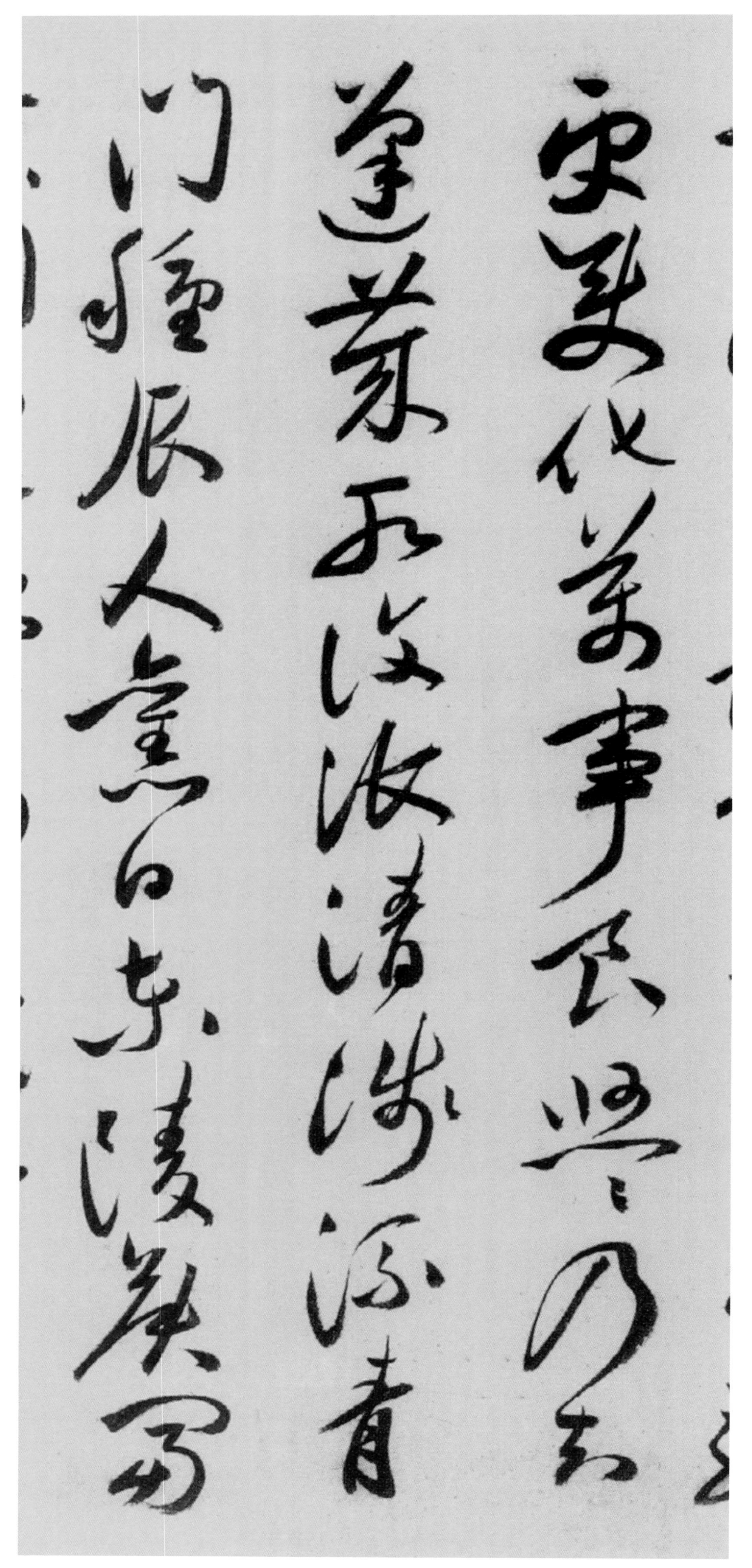

更变化。万事良悠悠。乃知蓬莱水。复作清浅流。青门种瓜人。旧日东陵侯。富

贵故如此。营营何所求。君平既弃世。世亦弃君平。观变穷大易。探元化群

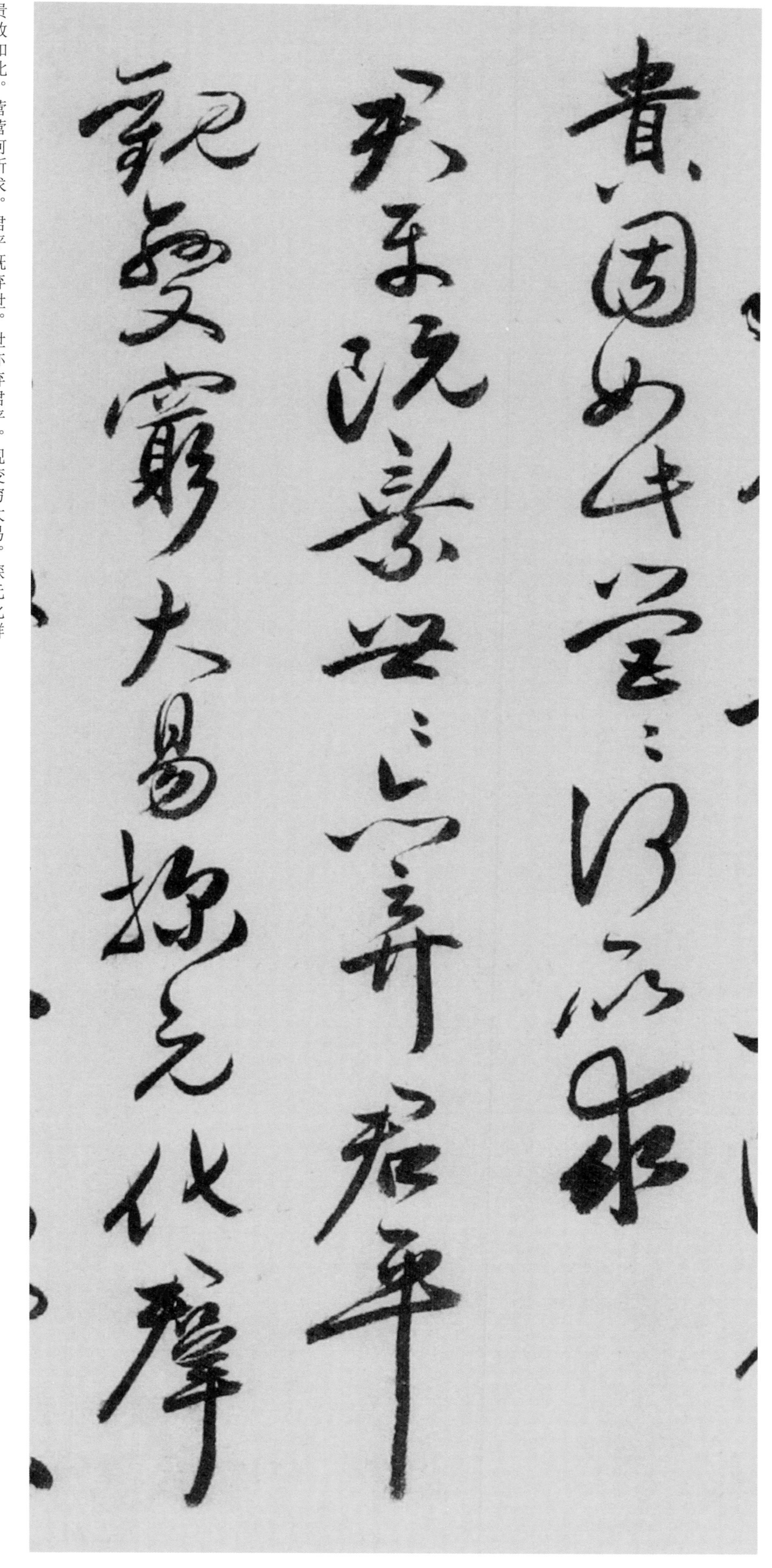

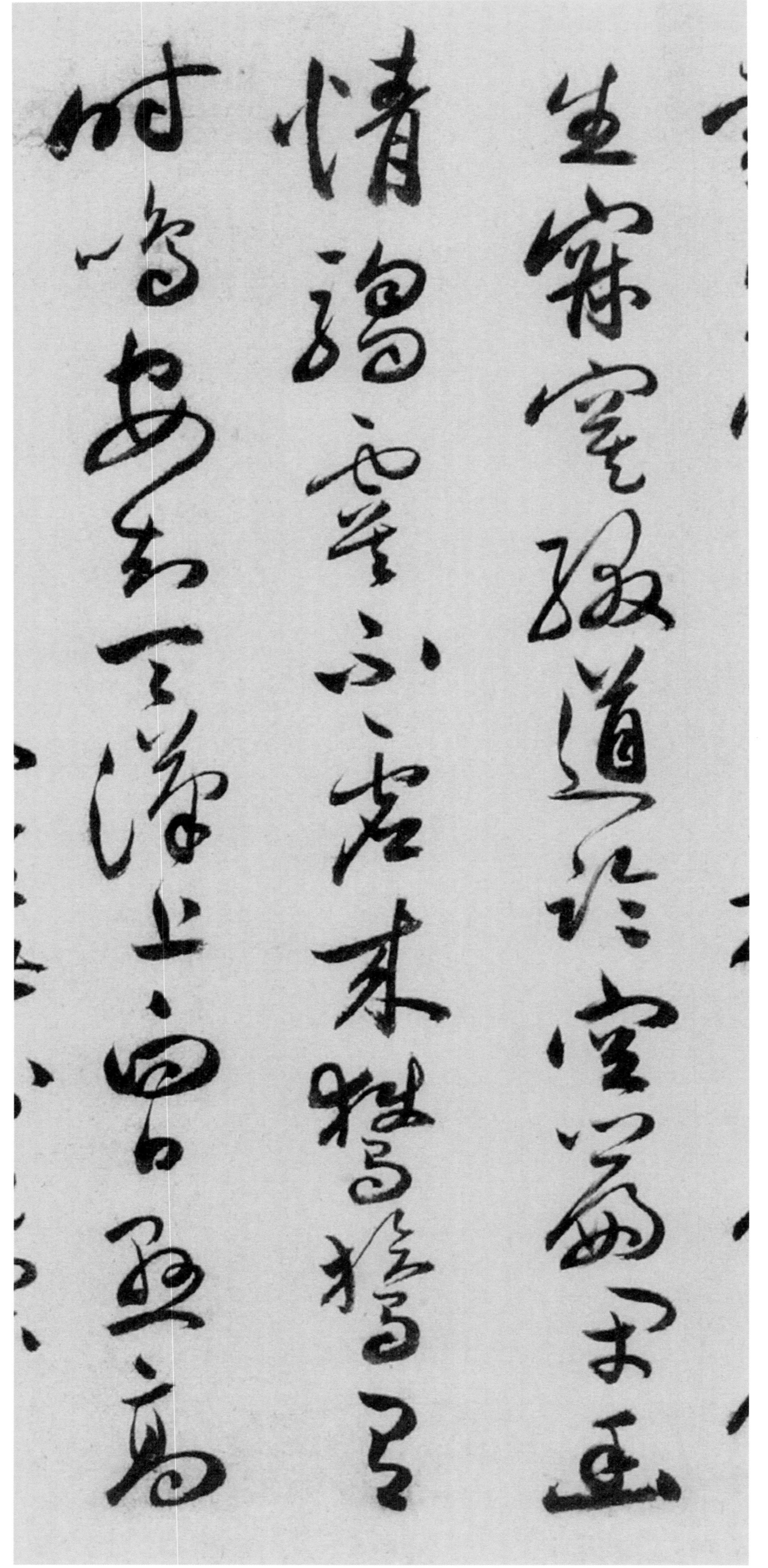

生。寂寞缀道论。空帘闭幽情。驺虞不虚来。鸑鷟有时鸣。安知天汉上。白日悬高

名。海客去已久。谁人测沉冥。甲申春日枝山祝允明。

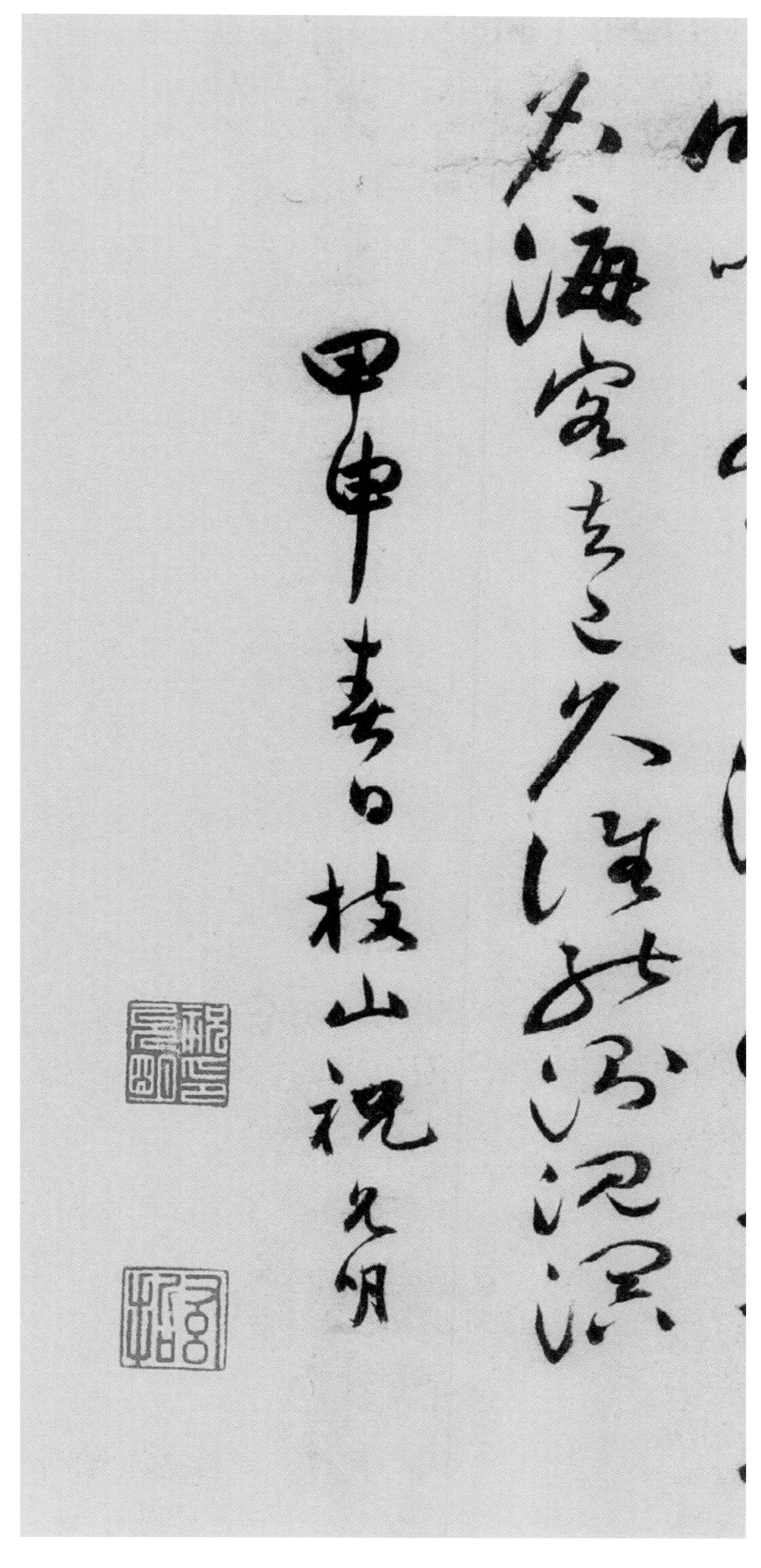

图书在版编目（CIP）数据

草书掇英. 祝允明 / 路振平，赵国勇，郭强主编 ；
草书掇英编委会编. -- 杭州 ：浙江人民美术出版社，
2018.5
ISBN 978-7-5340-6769-3

Ⅰ. ①草… Ⅱ. ①路… ②赵… ③郭… ④草… Ⅲ.
①草书－法帖－中国－明代 Ⅳ. ①J292.34

中国版本图书馆CIP数据核字(2018)第089311号

丛书策划：舒　晨
主　　编：路振平　赵国勇　郭　强
编　　委：路振平　赵国勇　郭　强　舒　晨
　　　　　童　蒙　陈志辉　徐　敏　叶　辉
策划编辑：舒　晨
责任编辑：冯　玮
装帧设计：陈　书
责任印制：陈柏荣

草书掇英
祝允明

出版发行　浙江人民美术出版社
地　　址　杭州市体育场路 347 号
电　　话　0571-85176089
经　　销　全国各地新华书店
网　　址　http://mss.zjcb.com
制　　版　杭州新海得宝图文制作有限公司
印　　刷　浙江兴发印务有限公司
开　　本　889mm × 1194mm　1/12
印　　张　5.333
版　　次　2018年 5月第 1 版 · 第 1 次印刷
书　　号　ISBN 978-7-5340-6769-3
定　　价　52.00 元